나를 떠나지 말라

이시온 선교사

규장

프롤로그

그럼에도 가야 할 길, 그 앞에 서다

우리 신랑 너무 수고가 많아요.
오늘은 문득 내 나이가 새삼스럽게 많게 느껴지네요.
나이만큼 살아가고 있는 건지….
늘 열심히 살아가는 신랑 보기에 부끄럽지 않게,
하루가 다르게 마음과 생각이 자라나는
아이들 보기에 민망하지 않게,
잘 살아야겠다는 생각을 했네요.
마음을 다해 여호와를 신뢰하고 범사에 그분을 인정하는 삶,
정말 그렇게 살고 싶네요. ^^
남편을 향한 내 마음은,
당신이 내 곁에 있어서 너무 좋고 고맙다는 겁니다.
_마누라가

매일처럼 작은 소식들을 주고받긴 하지만, 오늘따라 따뜻하게 느껴지는 아내의 편지. 책 사이에 끼워두고는 그동안 일에 바빠 잊고 있던 편지다.

예전이나 지금이나 아내는 내게 소중한 사람이다. 커가는 아이들의 재롱을 옆에서 볼 수 없는 아빠의 안타까움을 위해, 아내는 아이들이 자라가는 소리를 들려주려 오늘도 내게 전화를 건다.

"60일! 아빠, 이 숫자가 뭔지 아세요?"

불쑥 커버린 아이들의 목소리가 전화기를 통해 들려오면 가끔 놀랍기도 하고 기특하기도 하다.

"아니, 잘 모르겠는데?"

"아빠가 오는 날짜를 세고 있어요. 이제 60밤 남았어요. 아직도 달력 두 장을 더 넘겨야 아빠가 와요. 더 빨리 오면 안 돼요?"

큰아이의 목소리가 벌써 떨리기 시작한다. 이제 아이들은 아빠를 기다리는 것이 당연한 삶의 일부분이 되었다. 매일 달력을 보면서 하루씩 지워가는 것이 아이들의 기다림의 표현이다. 하루가 다르게 커가는 아이들의 소식을 들을 때마다 왠지 모를 불안감도 공존한다.

'아빠가 필요한 때인데…, 아빠의 빈자리가 더욱 크게 느껴질 텐데….'

홀로 계시는 사랑하는 노모는 더위를 많이 타신다. 여름이 오면 더욱 힘든 시간을 보내시는데, 집도 4층이라서 하루에도 몇 번씩 땀을 흘리며 오르내리셔야 한다. 시장에서 조금이라도 무거운 물건을 살 때면 집까지 가는 데 한참의 시간이 걸린다. 먹고 싶은 게 있어도 물건을 들고 올라갈 자신이 없어서 아예 포기하신다. 하루하루가 예전 같지 않게 쇠약해지는 어머니와 가끔 통화를 한다.

그때마다 어머니는 "난 괜찮다"고 하신다. 안 괜찮으신 걸 아는데…. 전화기 너머에서 들려오는 힘없는 목소리가 아들에 대한 그리움을 말해준다. 여기저기 아픈 데가 많아지고 병원에 가는 횟수도 늘어나셨다. 어느새 예전에 당당하던 어머니의 모습은 어디론가 사라지고, 주변에서 만날 수 있는 나이 든 어르신의 모습만 떠오른다.

아버지가 계실 때가 그래도 좋으셨을까? 한평생 남편을 원망하며 사셨지만, 그래도 먼저 간 남편의 빈자리를 요즘 들어 깊게 느끼시는 것 같다. 외로움과 고독. 그것은 인간이 가장 싫어하는 것이지만, 또한 가장 가깝게 있는 것이기도 하다. 나의 한계가 미안하고 죄송스럽다. 그저 가끔 전화로 안부를 묻는 것이 내가 어머니께 해드릴 수 있는 최선이다.

내가 가는 곳들은 치안 상태가 좋지 않거나 여행 금지 구역이거나 철수 권고 지역들이다. 하지만 여기서 내가 짊어지는 짐보다 아내가 한국에서 짊어지는 짐의 무게가 더 클 것이다. 내가 덜어줄 수도 없는 그 짐의 무게를 알면서도, 한국 사람들이 많지 않은 이곳에서 가족과 함께 있다가 다시 떨어지게 되니 나의 하루는 이전의 하루보다 더 무겁다. 그래도 나를 위한 가족의 위로와 사랑의 힘이 나를 일어나게 한다. 그들은 선교사로 살아가는 내 삶에 없어서는 안 될 존재지만, 선교사를 남편으로, 아빠로, 아들로 둔 그들의 삶에 외로움과 그리움은 평생을 따라다닌다.

선교사를 남편으로 둔 아내, 선교사를 아빠로 둔 아이들, 선교사를 아들로 둔 어머니. 아내와 아이들과 부모님에게 늘 미안하고 죄스러운 마음을 숨길 수 없다. 무슨 말로 표현하고 어떤 미사여구로 설명해도 마음 한구석에 머물러 있는 송구스러움을 표현할 길이 없다.

그래도 우리는 가야 할 길을 가야 한다. 그 길이 어떤 길이든. 설령 내 앞에 놓인 그 길이 아무도 가지 않은 길이라도. 내가 걸어간 그 길을 따라 또 다른 누군가가 걷게 되겠지.

여호와께서 내게 이르시되 너는 아이라 말하지 말고 내가 너를 누구에게 보내든지 너는 가며 내가 네게 무엇을 명령하든지 너는 말할지니라
렘 1:7

어디로 가게 될지, 누구에게로 가게 될지는 주님만 아신다. 만들어 놓은 길이 아니라 만들며 가는 길, 그 길을 가는 사람들에겐 아무런 보장이 없다. 어떤 일이 기다릴지, 누가 나를 환영해줄지, 어떤 위험과 부당함이 있을지 예측할 수 없다. 어제 살았던 방법으로 오늘을 사는 것이 아니라 오늘은 또 오늘의 방법으로 살아야 하는 곳이다.

땀 흘리며 수고하는 것이 어려운 사람들은 이곳에 들어올 수 없다. 아름다운 옷을 입고 좋은 음식과 훌륭한 품위를 생각하는 사람들도 여기서 오래 버티지 못한다. 남들보다 먼저 일어나고 남들보다 늦게 자는 것을 피할 수 없는 곳이다. 하루에도 몇 번씩 가슴이 시커멓게 타들어가는 순간을 맞이할 수 있다. 거처가 마땅치 않아 늘 옮겨 다니는 것을 준비해야 한다. 사랑과 헌신으로 키운 제자들에게 많은 배신과 아픔과 상처를 받는 일을 피해갈 수 없다. 길을 찾아가다 보면 벽에 부딪치는 일이 부지기수다. 상처가 나고 멍이 들고 몸

여기저기에 깨지는 곳이 많아진다.

그 속에서 사람의 소리가 아니라 나의 주님의 소리를 들을 수 있는 고요함과 평안함을 가지고 있어야 한다. 순전하고 깨끗한 마음으로 주를 부르는 사람들, 자기의 소유를 자기의 것으로 여기지 않는 사람들은 이렇게 고백한다.

"내가 숨 쉬는 동안 내 몸은 내 것이 아니다. 내 안에 계신 주님의 것이다."

아빠를 기다리는 아이들처럼 나는 주님을 기다린다.

너는 마음을 다하여 여호와를 신뢰하고 네 명철을 의지하지 말라 너는 범사에 그를 인정하라 그리하면 네 길을 지도하시리라 잠 3:5,6

차례

PART 3

일어나 함께 가자

NOT TURN AWAY *from* FOLLOWING ME

PART 1

그 길로 이끄시는 하나님

chapter 1

새로운 땅, 새로운 사람들

만물보다 거짓되고 심히 부패한 것은 마음이라 누가 능히 이를 알리요마는 나 여호와는 심장을 살피며 폐부를 시험하고 각각 그의 행위와 그의 행실대로 보응하나니

예레미야서 17장 9,10절

나는 지금 아픔과 시련과 절망과 위험, 그리고 기쁨의 순간을 겪었던 아프간을 떠나 또 다른 땅에 와 있다. 첫 선교지인 케냐에서 지낼 때 아프리카 무슬림 국가의 비참한 현실을 목격하며 새겨진 마음의 소망 때문이다.

나는 그때, 만일 다시 아프리카에 온다면 비참한 현실을 사는 이 땅의 사람들 사이에 들어가 사역하고 싶다는 바람을 품었다. 그 이후로 십여 년간의 시간을 아프간에서 보냈고, 이 땅을 밟기 위해 다시 비행기에 몸을 실었다.

다시 찾은 아프리카. 검은 대륙, 검은 사람. 그러나 내 눈에는 아름답고 화려한 땅과 사람들이다. 오랜 내전과 기근을 겪었기에 아직도 그 상처가 남아 있는 이 땅의 모습은 처음 아프간에 갔을 때 느꼈던 황량함과 별 다를 게 없다.

여기선 다 허물어진 공항 활주로에 비행기가 서면 거기서 자기 짐을 찾아 활주로를 걸어 공항 건물로 들어가야 한다. 덥고 습한 날씨에 길게 줄을 서 있는 사람들.

공항 건물은 전쟁 때 폭격을 맞고 수리하지 않았는지 몹시 허름했다. 공항 치안담당자들은 승객의 짐을 일일이 열어 검사한다. 어떤 가방은 뒤에서 빼돌려져 아예 승객들 손에 돌아가지도 못한다. 가방 속에서 자신들에게 필요한 물건이 발견되기라도 하면 그것을 빼앗으려 수단과 방법을 가리지 않는다. 결국 빼앗기고 만다. 법도 소용없다. 그들이 곧 법이다. 흘러내리는 땀을 닦을 시간도 없이, 그들이 건네주는 가방을 들쳐 메고 공항을 빠져나온다.

공항도로를 빠져나가면 곧바로 비포장도로가 눈에 들어온다. 주위에는 짓다 만 건물들이 대부분이고, 도로 곳곳에는 깊은 웅덩이들이 패어 있다. 도저히 한 나라의 수도라고는 믿어지지가 않는 풍경이다.

이 나라에는 아직 전기가 원활하게 들어오지 않는다. 전기가 없는 곳에서 10여 년을 살다 보니 이런 상황도 익숙하긴 하지만, 그나마 아프간은 여기만큼 덥거나 습하지 않았다. 이곳에서는 가만히 앉아만 있어도 온몸에서 열기가 느껴지고 쉬지 않고 땀이 흐른다. 전기가 없으니 선풍기도 찾아보기가 어렵고, 상수도 시설도 없어서 강물이나 빗물을 물탱크에 받아서 생활해야 한다.

치안 상태는 더욱 열악하다. 더욱이 내가 처음 입국할 때까지도 여기저기에서 계속 내전이 있던 터라 도시 곳곳에는 무장한 군인들이 즐비했고, 국민들은 불안에 떨고 있었다.

진심, 마음을 얻는 힘

사실 여기 오기 전에는 이 정도까지 심각한 상태인지 몰랐다. 이런 곳에 아내와 아이들을 데리고 온다는 것이 쉬운 결정은 아니었다.

하지만 치안도 지금보다는 좋아질 것이고 더 이상은 가족들과 떨어져 지낼 수 없다는 생각에 어렵게 가족들을 불렀다.

가족들과 함께 지내게 되었지만 아이들이 다닐 만한 학교가 없었다. 아직 학교 교육이 잘 세워지지 않은 터라 어린 아이들을 현지 학교에 보내는 것은 생각만큼 쉬운 일이 아니었다. 결국 두 아이는 집에 갇혀 홈스쿨을 해야 하는 상황이었다.

이곳은 병원 상황도 좋지 않아 질병에 걸렸을 때 치사율이 꽤 높은 편이다. 우기 때는 수많은 풍토병이 돌아서 질병으로 죽는 사람들의 소식을 매일 듣게 된다. 우리 아이들도 면역력이 약한 터라 몇 번이나 질병으로 어려움을 겪었다.

정말 열악한 환경이긴 했지만 우리보다 더 열악한 환경에서 사역하는 수많은 분들을 생각하며 감사함으로 하루하루를 보냈다. 가족들과 몇 달을 함께하며 현지에 적응하고 있었는데, 주께서 뜻하지 않은 셋째 아이를 주셨다. 당황스러웠지만, 우리는 함께 감사했다. 그리고 많은 고민과 기도 끝에 셋째 아이 출산을 위해 가족들은 한국으로 돌아가기로 했다.

다시 혼자가 된 나는 가족에 대해, 비참한 이 땅의 현실에 대해, 그리고 나의 주 하나님에 대해 진심으로 알고 싶었다. 사람들은 내게 "왜 이렇게 힘들고 어려운 땅만 찾아서 다니세요?"라고 묻는다. 하지만 난 그런 사람이 아니다. 힘들고 어려운 땅만 찾아다닐 수 있는 용기와 믿음이 있는 사람이 아니다. 게다가 이제는 가족과 함께 지내기로 했는데, 어떻게 아직까지도 일부러 힘들고 위험한 곳을 찾아다닐 수 있겠는가?

내가 위험하고 힘든 곳을 찾아다닌 게 아니고, 그 땅에 가보니까 그곳이 위험하고 어려운 곳이었다. 힘든 땅이었다. 아프간도, 지금 서 있는 이 땅도 이렇게 힘들고 위험한 곳인지 처음에는 몰랐다. 이게 내 대답이다. 진심 어린 대답이다.

그러나 이 땅을 한 번 밟은 후에는 다시 돌아갈 수 없었다. 모든 사람들이 다 이 땅을 떠나 돌아갈 때도 나는 그럴 수 없었다. 모르겠다. 왜 그런지. 내가 있어야 할 땅이라는 확신 외에는 아무것도 설명할 수 없다.

한계 안에서 함께하는 법을 배우다

나는 이곳에서 축구를 가르친다. 처음 이곳에 왔을 때, 여기는 그야말로 모든 것이 진흙탕이었다. 아무것도 없는 것에서 뭔가를 시작해야 하는데 어디서부터 시작해야 할지 감을 잡을 수 없었다.

이미 만연되어버린 부정과 부패는 선수들을 더욱 비참하게 했다. 선수들은 나 하나 믿고 모여서 40도가 넘는 더위 속에서 두세 시간씩 훈련할 때도 있었다. 마실 물이 없어 곤란을 겪을 때가 한두 번이 아니었고, 멀리서 어렵게 데리고 온 선수들이 돌아갈 차비가 없어 여기저기서 돈을 꾸어야만 하는 상황도 비일비재했다.

'어떻게 하야 하나, 무엇을 해야 하나?'

내가 할 수 있는 능력의 한계를 벗어난 일들이 너무 많았다. 선수들에게 늘 미안하다는 말을 입에 달고 살았다. 정말 미안했다. 그래서 더욱 이들을 떠날 수가 없었다. 늘 배고픈 선수들, 축구화가 없어서 운동화를 신고 훈련을 하는 선수들도 태반이다. 한국에서 가져온 물품들로 어떻게 훈련을 꾸려 가긴 하지만, 여전히 자기 배만 챙기는 권력자들은 변할 줄 몰랐다. 나는 수없이 선수들의 편에서 그들과 맞서야 했다.

하루는 훈련이 끝났는데도 선수들이 돌아가지 않고 계속 운동장에 머물러 있었다. 나에게 할 말이 있다는 것이다.

"저희는 감독님이 상하는 것을 원하지 않습니다. 우리는 감독님을 잃고 싶지 않습니다. 우리는 이런 생활에 익숙합니다. 그들은 변하지 않을 겁니다. 너무 잘 알고 있습니다. 그러니 더 이상 수고하지 마세요."

순간 터져 나오려는 눈물을 참고 애써 태연한 척 선수들을 응시했다. 선수들의 말에 공감했다. 선수들에게 더 좋은 훈련 환경을 만들어주지 못하는 것에 내가 얼마나 미안한 마음을 가지고 있는지 모두가 알고 있었다. 내가 안쓰러웠나 보다.

가난한 나라의 선수들인 그들에겐 수고하고 땀 흘린 만큼 돌아오는 보수도 없고 밤에 쉴 만한 숙소도 없다. 운동이 끝나면 마시는 물과 유니폼, 그것이 전부다. 그들에게도 가족이 있고, 심지어 자라나는 아이가 있는 집도 있다. 한 가정의 아들이고 한 아내의 남편이자 또한 아이들의 아빠다. 먹고 살아야 하고 가족을 부양할 책임이 있는 이들이지만, 그들의 손에는 아무것도 주어지지 않는다. 어떻게 해서 차비라도 손에 쥐여주면 그것이 감사하고 미안한 사람들이다.

오늘도 긴 한숨으로 보게 될 미안한 내 선수들을 생각하며 하루를 시작하지만, 훈련을 마치고 돌아올 땐 여전히 괴로움이 함께 동반된다. 눈에 넣어도 아프지 않을 것 같다고 느낄 만큼, 난 이 아이들을 내 품에 안을 수 있었다. 얼마 전, 이들이 주목을 받게 된 사건이 있었다.

오랜 시간, 아주 오랜 시간 이 국민은 웃음을 잃고 있었다. 슬픔과 두려움, 미래에 대한 불안함. 하루하루가 힘들고 벅차 수많은 국민들은 스스로 난민을 자처하며 이 나라를 떠나 인근 국가로 가기 위해 보따리를 싸는 것이 일상이다. 신문은 매일같이 무능한 정부와 무너진 경제와 불안한 치안과 내전의 소식들로 가득하다. 미국과 서방세계 그리고 유엔의 원조는 밑 빠진 독에 물 붓기 같았고, 서민들은 여전히 고통의 시간을 보내고 있다.

그런 이곳에서 얼마 전 나라가 뒤집어지는 사건이 벌어졌다. 이 나라가 처음으로 국제 축구 경기에서 승리를 했기 때문이다. 온 나라가 흥분의 도가니가 되었다. 경기가 끝나자 군중들은 운동장에 내려와 서로 얼싸 안고 춤을 추며 선수들을 둘러싸고 포옹을 한다. 하나님이 이 사람들의 눈에 기쁨의 눈물을 주신 것 같았다.

선수들 한 사람 한 사람이 모두 내 눈에 들어왔다. 성격, 습성, 사고방식, 스타일, 장점, 단점. 이제는 눈빛만 봐도 느낌이 온다. 난 한 번도 이 선수들의 피부가 검다고 생각해본 적이 없다. 피부색은 중요하지 않았다. 어디서 자랐는지, 무엇을 배웠는지, 어떻게 자랐는지도 중요하지 않았다.

어렵게 선수들을 모아 훈련하고 처음으로 국제대회에 출전하던 날을 잊을 수 없다. 비행기를 타고 처음 가보는 잘 꾸며진 도시와 웅장한 스타디움. 그곳에서 치러진 첫 경기에서 선수들은 무참하게 패했다. 90분이 마치 9시간처럼 느껴지는 순간이었다. 90분간 몇 개의 창이 차례로 내 가슴에 박히는 아픔을 경험했다. 손 한번 쓰지 못하고 우리는 처절한 아픔을 경험해야만 했다.

버스를 타고 경기장을 나오는데 군중들이 양 길가에서 우리를 향해 손가락질하며 조롱했다. 선수들과 나는 죄인도 아닌데 죄인처럼 고개를 숙였다.

힘겨운 시간을 보내며 원정 경기를 다녀왔지만 그 누구도 환영의 손길을 내밀지 않았다. 관심도 대접도 받지 못하고 패잔병의 모습으로 돌아왔다. 나는 그렇게 돌아온 선수들 한 명 한 명에게 메일을 보냈다. 수고하고 미안한 마음을 전하며 함께했던 시간들이 절대

무의미한 것이 아니라고 말해주었다.

그때 선수들이 보내온 답 메일에 이런 내용이 있었다.

"Anyway coach we are so happy because we have a good coach like you in our country & we appreciate what you did so far since you came to us we really appreciate that. Coach thanks so much(우리나라에 당신처럼 좋은 감독님이 계셔서 얼마나 기쁜지 모릅니다. 감독님이 이곳에 오셔서 지금까지 해주신 일에 대해 진심으로 감사하고 있습니다. 감독님, 정말 감사합니다)."

사람들에게는 그냥 평범한 인사말 같지만 난 이 메일에서 선수들의 마음을 읽을 수 있었다. 우리가 얼마나 고생하며 얼마나 어려운 길을 같이 걸었는지…. 우리는 서로가 그 길의 동지요 스승이요 제자였기 때문에 나는 그냥 눈물이 났다.

하나님의 진짜 마음

"아빠, 마음이 무거워요. 마음이 안 풀어져요. 아빠 올 때까지 안 풀어질 거 같아요. 엄마한테도 안 풀고 아빠한테만 풀 거예요."

한국으로 돌아간 여섯 살짜리 둘째 아이가 어느 날 보내온 메시지다. 왜 마음이 무거운지 자세히 물어보지 못했지만 뭔가 아이의 마음에 불편함이 있는 것 같았다.

마음은 한 마디로 정의하기가 쉽지 않다. 사람마다 마음이라는 것을 정의하고 이해하는 바가 다 다르기 때문이다. 여섯 살짜리 아이도 마음의 지배를 받고, 임종을 앞둔 연세 지긋한 분들도 마음의 지배를 받는다. 마음은 모든 사람을 지배하는 중요한 도구다.

우리 안에 있는 마음은 하나님이 창조하셨다. 그래서 마음의 기능에 대해서 인간이 아무리 연구하고 관찰한다 해도 마음을 창조하신 그분만큼 알 수는 없다. 마음은 눈에 보이지 않지만 때론 보이기도 한다. 손에 만져지지 않지만 느낄 수 있다. 마음이 없는 사람은 아무도 없다.

마음은 사람을 움직이는 핵심 같은 역할을 한다. 모든 것이 마음에서 나오고 그 마음의 상태에 따라 사람들은 수없이 변하기도 한다. 마음이 병들면 그 사람은 병든 사람이고, 마음이 건강하면 그 사람은 건강한 사람이다. 그래서 원수는 늘 우리의 마음에 상처를 주고 아픔을 주어 깨뜨리려 한다. 가장 쉽게 깨지고 가장 쉽게 부서지는 것도 마음이다. 그러나 반대로 마음이 건강해지면 육체가 건강한 것보다 더욱 사람을 건강하게 한다.

성경은 많은 곳에서 마음을 얘기한다. 마음을 빼놓고는 하나님을 말할 수 없기도 하다. 하나님의 마음이 담긴 책이 성경이기에 성경을 읽어 가면 하나님 아버지의 마음이 전해진다.

여호와께서 이와 같이 말씀하시니라 무릇 사람을 믿으며 육신으로 그

의 힘을 삼고 마음이 여호와에게서 떠난 그 사람은 저주를 받을 것이라
렘 17:5

예레미야서에는 이처럼 마음을 떨리게 하는 하나님의 진노와 분노가 기록되어 있지만, 그 분노와 진노 뒤에 숨겨진 진짜 이야기는 울고 계시는 하나님의 마음이다.

예수님도 누구를 대하든, 어떤 상황에서든 거짓을 행하거나 타협하거나 속이지 않으셨다. 자신의 이익을 위해서 사람들을 조종하지도 않으셨고, 영광을 받기 위해 권위와 능력을 남발하지도 않으셨다. 원하는 것을 얻기 위해 눈속임하는 모습도 찾을 수 없다.

성취를 위해 사람을 이용하지도 않으셨고, 권력자 앞에서 비굴하게 아부하지도 않으셨다. 급하게 바뀌는 상황과 환경에 따라 여러 모습으로 자신을 바꿔가며 대처하지도 않으셨고 요란하고 화려한 쇼맨십도 없으셨다.

복음서에는 '진실로'라는 말로 시작되는 구절이 많다. 요한복음에 보면 '진실로 진실로'라고 말씀하시는 구절도 나온다. '진실'이라는 말을 거듭 사용하심으로 진실을 모르는 인간들을 향해 변하지 않는 영원한 진리를 강조하시기 위함이다.

진실은 진심에서 나온다. 하나님의 진심에서 진실이 나오고, 그 진실이 지금 우리가 읽고 있는 성경, 즉 하나님의 말씀이다. 이 말씀

을 진실로 이해하고 그것이 내 속에서 역사하게 하기 위해 우리에게 진심이 필요한 것이다.

예수님은 모든 일에 진심으로 말씀하셨고, 진심으로 관계하셨다. 그분의 마음과 삶에는 먼지만한 사심도 존재하지 않았다. 하나님의 마음으로 모든 것을 채우셨고, 그 채우심 속에서 단단하고 흔들리지 않는 아름다운 진심이 나온 것이다.

진심에는 용기가 필요하다. 또한 많은 힘이 소요되기도 한다. 그래서 진심은 때로 많은 상처를 받기도 한다. 우리는 진심이라는 말 자체가 쉽게 사용되지 않는 시대를 살고 있다. 사람들의 입에서 진심이라는 말이 사라지고 있고, 참 의미로 사용되지 않은지 오래된 것 같다.

그렇다면 진심은 무엇인가? 어디에 있는가? 그 진심은 무슨 일을 하는가? 진심의 결과는 무엇인가?

거짓이 없는 진실한 마음. 하나님이 우리 각자에게 주신 처음 그 마음이 진심이다. 진심은 하나님을 알아가면서 더 깊어진다. 우리가 사는 세상에서 진심을 만나볼 수 있다면 아직 이 세상은 살 만한 곳이다.

언제부터인가 우리는 진심을 숨기고 살기 시작했다. 내 진심이 보이면 부끄러워지고 다른 사람들에게 받아들여지지 않고 거절 받으며 상처 받을 것이라고 여기기 때문이다. 마음이 깨어지면 진심은 사라진다. 건강한 마음에서 진심이 나온다.

진심은 피부색을 초월하고 문화와 종교를 초월해 사람들의 마음을 얻는다. 내가 마음을 주니 상대방도 마음으로 보답하더라. 마음을 얻으면 다 얻게 된다. 거짓이 없는 마음, 이 마음 안에는 그 무엇도 흉내 낼 수 없는 힘이 있다.

주님이 보시는 중심도 바로 마음이다. 마음은 다른 것으로 꾸밀 수 없다. 우리가 보고 듣고 배우고 느끼는 모든 것이 마음에 입력된다. 좋은 것을 보면 좋은 것이 입력되고, 나쁜 것을 보면 나쁜 것이 입력된다. 거짓되고 부패한 마음이 우리 속에 숨 쉬고 있는 동안에는 절대 하나님을 볼 수 없다. 주님이 우리의 마음, 그 중심을 먼저 보시기 때문이다.

마음을 지키자. 타협과 편법이 만연하고 가식적인 태도가 우선인 이 세상에서 마음을 지킨다는 것은 말처럼 쉬운 일이 아니다. 하지만 다른 것은 다 잃어버려도 우리 속에 있는 주님의 마음은 목숨 걸고 지켜야 한다. 우리 속에 진심의 소리가 세상 사람들에게 들릴 때까지, 그 진심이 세상에서 소통되고 인정될 때까지 우리는 마음을 지켜야 한다.

마음을 지킴으로 진심을 보이는 것, 그것이 이 땅과 사람들에 대해 내가 보일 수 있는 최선의 태도이다.

오직 너는 스스로 삼가며 네 마음을 힘써 지키라 그리하여 네가 눈으로 본 그 일을 잊어버리지 말라 네가 생존하는 날 동안에 그 일들이 네 마음에서 떠나지 않도록 조심하라 너는 그 일들을 네 아들들과 네 손자들에게 알게 하라 신 4:9

모든 지킬 만한 것 중에 더욱 네 마음을 지키라 생명의 근원이 이에서 남이니라 잠 4:23

chapter 2

내 말을 네 입에 두었노라

여호와의 말씀이 내게 임하니라 이르시되 내가 너를 모태에 짓기 전에 너를 알았고 네가 배에서 나오기 전에 너를 성별하였고 너를 여러 나라의 선지자로 세웠노라 하시기로 내가 이르되 슬프도소이다 주 여호와여 보소서 나는 아이라 말할 줄을 알지 못하나이다 하니 여호와께서 내게 이르시되 너는 아이라 말하지 말고 내가 너를 누구에게 보내든지 너는 가며 내가 네게 무엇을 명령하든지 너는 말할지니라 너는 그들 때문에 두려워하지 말라 내가 너와 함께하여 너를 구원하리라 나 여호와의 말이니라 하시고 여호와께서 그의 손을 내밀어 내 입에 대시며 여호와께서 내게 이르시되 보라 내가 내 말을 네 입에 두었노라

예레미야서 1장 4-9절

오래전 여름, 나는 전투에 처음 참가하는 초년병 같은 모습으로 아프리카 케냐에 도착했다. 그리고 내가 머물 숙소인 현지 신학교의 기숙사로 향했다. 그곳에는 책상과 침대만 덩그러니 놓여 있었다. 곧 밤이 되고 아침이 밝았다.

아침과 점심에는 빵과 현지 음식을 먹고, 저녁에는 밥을 해먹으려고 가게에 가서 1킬로그램짜리 쌀을 샀다. '안남미'라 불리는 길쭉하고 찰기가 없는 쌀이었다. 그런데 숙소에 돌아와서 보니 밥솥이 없었다. 신학교 부엌을 뒤지고 뒤지다 한쪽 구석에서 한국에서 온 단기선교팀이 두고 간 냄비를 하나 발견했다. 뚜껑도 없고 찌그러진, 라면이나 끓이면 될 법한 그 냄비에 쌀을 넣고 물을 부어 밥을 안쳤다.

얼마 후 타는 냄새가 진동을 하더니 순식간에 밥이 까맣게 타버렸다. 그날은 밥을 먹지 못했다. 다음 날 저녁에 다시 냄비에 쌀을 넣고는 어제보다 물을 조금 많이 부었다. 얼마 있으니 부글부글 끓어오르기 시작했다. 기대하는 마음으로 기다렸는데, 이번에는 밥이 아니라 죽이 되었다. 그래도 감사한 마음으로 먹고, 다음날 다시 밥 짓기에 도전했다. 쌀을 씻고 어제와 그제의 중간 정도로 물을 부었다. 그런데 곧 밥 타는 냄새가 나면서 아래는 타고 중간은 생쌀로 남아 있었다. 그날도 밥은 먹지 못했다.

'도대체 어떻게 해야 하나? 밥 한 끼 해먹기가 이렇게 힘들다니….'

주변에 물어볼 사람도 없었고, 물어본다 해도 누가 뚜껑 없는 냄비에 안남미로 밥을 해봤겠는가. 결국 밥 한 번 제대로 지어보지 못한 채 쌀이 다 없어졌다.

쌀이 떨어지자 나는 가게에 가서 쌀을 또 샀다. 그런데 지난 번 쌀과 좀 달랐다. 안남미인 것 같은데 흰색이 아니라 노란 빛이었다.

'이건 또 무슨 쌀이지?'

나는 궁금하기도 하고 당장 밥을 먹고 싶기도 한 마음에, 실패를 거울삼아 다시 냄비에 밥을 했다. 여전히 바닥은 탔고, 위는 설익은 밥이 되었다. 할 수 없이 먹긴 먹는데, 이 정체불명의 쌀이 밥인지 모래인지 분간할 수가 없었다.

그때, 케냐로 출발하기 전 선배 선교사가 가지고 가라며 작은 용기에 덜어준 고추장이 생각났다. 냄비에 고추장 한 스푼을 넣고 비볐다. 탄 밥과 덜 익은 밥과 고추장이 하나가 되었다. 밥을 먹다 울어보긴 그때가 처음이었다.

그 후로도 그곳에 있는 동안 한 번도 제대로 된 밥을 먹어본 적이 없다. 한참 후에야 냄비와 쌀이 문제가 아니고 밥을 하다가 중간에 불 조절을 해야 한다는 걸 알게 되었다. 어처구니없는 나의 무지함…. 불이 문제인데 나는 냄비와 쌀을 원망하면서 몇 달을 보냈다. 제대로 밥 해먹는 걸 포기하고 감자를 삶아 먹기 시작할 무렵 고추장마저 바닥을 보였다. 고추장만 있으면 탄 밥이든 설익은 밥이든 그럭저럭 먹을 만했는데 이제 그 소망마저 사라졌다.

'이제 이것도 없으면 무슨 소망으로 살지?'

나는 밥에 넣는 고추장의 양을 점점 줄였다. 그러면서 고추장과 함께 사라지는 나의 소망에 대해 생각했다.

'정말 나는 하나님이 부르신 선교사인가?'

처음으로 고민을 시작했다. 아침을 먹으면 점심을, 점심을 먹으면 저녁을 고민하며 사는 내 인생이 참 처량하고 한심해 보였다. 게다가 금요일 하루 금식을 하기로 선포했는데, 그 하루가 천년같이 느껴질 때면 나는 또 한 번 아니, 아주 여러 번 무너지고 또 무너졌다. 그렇게 하루에도 몇 번씩 부르심이 흔들릴 때면 나는 땅속 깊이 들어가는 듯한 느낌으로 시간을 보내곤 했다.

마음에 질문이 생기다

하루는 한국에서 단기선교팀이 방문한다는 소식이 왔다. 반갑고 기쁘고 흥분이 되었다. 그러나 선교지에 도착한 지 얼마 되지 않은 초짜 선교사가 단기팀을 받아 일정을 소화한다는 게 쉽지 않았다. 차량과 숙소, 사역 등 무엇 하나 준비된 게 없었다. 그래서 할 수 없이 평소에 알고 지내던 선교사님을 찾아가 부탁을 하기로 했다.

식사를 하면서 사정을 말하고 사역과 숙소를 좀 도와달라고 했더니 내 말을 다 들은 그 분이 이렇게 말했다.

"그 단체는 돈이 없으면 단기팀을 내보내지 말아야지!"

뒤통수를 아주 세게 얻어맞은 것 같았다. 이전에도 그 단체에서 파송한 단기팀이 왔었는데 재정이 모자라서 아주 힘들었다며, 선교사들에게 폐만 끼치고 갔다고 했다. 나는 얼마나 쑥스럽고 민망한지 밥을 먹다가 목에 음식이 걸려 넘기는 데 한참이 걸렸다. 더 이상 아무 말도 하지 못하고, 마치 죄인처럼 고개를 숙이고 숙소로 돌아왔다.

'돈이 없으면 선교를 못하나? 재정이 충분하지 않으면 선교지에 올 수 없나?'

그 선교사님의 말이 가슴에 박혀서 좀처럼 지워지지 않았다. 마치 나를 두고 하는 말 같아서 아주 오랫동안 내 마음을 흔들어 놓았다.

'고추장이 떨어진 걸 알았나? 이제 고추장이 떨어졌으니 집에 돌아가란 말인가?'

하지만 내가 저녁마다 냄비에 안남미로 밥을 해서 고추장에 비벼 먹는다는 사실을 아는 분은 주님뿐이셨다. 난 정말 아무것도 없었다.

'선교지에 나오려면 파송교회와 파송단체, 한 달 후원액과 선교지에서의 정착금도 다 준비를 하고 왔어야 하는데 내가 잘못 왔나? 올 때가 아닌데 내가 무모한 모험을 한 건가?'

수만 가지 생각이 나를 뒤덮었다. 당장 내일 쓸 차비도 없는 내게 그 분의 한 마디는 나를 좌절시키기에 충분했다.

'하나님, 제가 잘못 왔나요? 지금이 때가 아닌가요? 나를 부르신

게 맞나요?'

매일같이 이 질문이 내 마음에서 떠나지 않았다.

더 이상 머물 수 없었다

그러던 어느 날, 내가 사역하고 있는 난민촌 교회에서 집으로 돌아가려고 하는데 교회에 다니는 한 여 성도가 돌도 안 된 갓난아기를 데려왔다. 아기의 머리에 난 상처를 보여주면서 괜찮은지를 물었다. 아기의 머리에는 뭔가에 긁힌 상처가 있었다. 나는 의사가 아니라서 정확히 알 수는 없었지만 우리가 흔히 바르는 연고 정도만 발라도 될 것 같아서 큰 문제는 아니라며 그녀를 돌려보냈다.

그 다음부터 몇 주간 그녀는 예배에 나오지 않았다. 심방을 하려고 꼬불꼬불한 골목을 지나 어렵게 찾아가보니, 집이라고 하기에는 너무 작고 초라한 곳이었다. 내가 들어가자 반갑게 맞아주면서 의자를 권하고 차를 내왔다. 내가 왜 교회에 나오지 않았는지를 묻자 그녀가 갑자기 눈물을 머금고 말했다. 얼마 전 내게 데리고 왔던 아기가 결국 주님 곁으로 갔다고.

"네? 뭐라고요?"

잘못 들었는가 싶어 다시 물었다. 그녀는 아기 머리에 났던 상처에 균이 들어가 합병증이 생겨 며칠을 시름시름 앓다가 결국 죽었다고 말했다.

믿고 싶지 않는 그 말을 듣는 순간, 갑자기 하늘이 노래지고 말문이 막혔다. 지구가 멈춰버린 것 같았다. 나는 한동안 아무 말도 하지 못했다. 미동도 할 수 없었다. 머리에 살짝 긁힌 상처로 한 생명이 이 땅에서 사라졌다는 게 너무나 당황스러웠다. 숨을 쉴 수가 없었다. 심장이 멈추는 것 같았다.

'그날 내가 아기를 데리고 병원에 가서 소독이라도 했더라면, 아기를 붙들고 간절히 치료를 간구했더라면, 내 주머니에 있는 몇 푼이라도 아기의 치료를 위해 쓰라고 주었더라면….'

순식간에 수만 가지 생각이 나를 스치고 지나갔다.

내 앞에 놓인 찻잔을 만지작거리며 몇 분이 흘렀을까…. 나는 제정신이 아닌 사람처럼 비틀거리며 의자에서 일어나 그녀의 얼굴을 바로 보지 못하고 그 집에서 나왔다. 그 험한 난민촌 거리를 어떻게 걸었는지, 아무 생각도 나지 않았다. 멈춰 버린 지구에 나 혼자만 있는 것 같았다. 정신을 차리고 보니 기숙사에 도착해 있었다.

여전히 내 머리는 캄캄한 암흑으로 가득했다. 숨을 쉴 수가 없었다. 정신을 차리니 수만 가지 생각들이 정리가 되면서 그 아기를 내가 죽였다는 죄책감이 홍수처럼 밀려들었다. 정말 죽고 싶었다. 아니, 죽을 수 있었으면 좋겠다고 생각했다. 밤마다 아기의 얼굴이 떠나지 않았다. 아무것도 모르는 순수한 한 생명이 가난한 나라와 가난한 부모를 만나서, 가난하고 무지한 선교사를 만나서 생명을 꽃피우지 못했다는 생각이 나를 짓눌렀다.

'다 내 잘못이야. 재정도, 아는 것도, 경험도 없는 나 같은 사람은 이곳에 올 자격이 없어. 더 준비되고, 더 많이 배우고, 더 가진 사람이 와야 하는 곳인데….'

더 이상 눈물도 나지 않았다. 내가 사역하는 그 땅의 사람들을 차마 볼 수가 없었다. 그냥 집으로 돌아가고 싶었다.

그 주에 나는 난민촌의 교회가 가지 않았다. 다음 주도 가지 않았다. 갈 수가 없었다. 성도들을 볼 수가 없었다. 아무 연락도 없이 두 주나 교회에 가지 않자 교회의 한 리더가 내가 사는 기숙사로 찾아왔다. 그러고는 어디가 아픈지, 무슨 일이 있는지 묻기 시작했다. 난 아무 말도 하지 못하고 고개만 숙이고 있었다. 그가 다시 물었다.

"그동안 무슨 일이 있었던 거예요?"

"저는 더 이상 교회에 가지 않겠습니다. 이유는 묻지 말아주세요."

그가 물었다.

"네? 무슨 말씀이세요?"

"저는 한국으로 돌아가기 위해 기다리고 있습니다."

리더는 내 말에 그다지 놀라는 것 같지 않았다. 그리고 아주 침착하게 말했다.

"그런데 갈 때 가시더라도 성도들에게 인사는 해야 하지 않을까요?"

리더가 가고 나서 한참을 생각하다가 수요일 성경공부 시간에 가서 인사를 해야겠다고 생각했다.

하나님의 소망을 보다

수요일 아침, 나는 무거운 몸과 마음을 간신히 추스르고 기숙사를 나섰다. 비가 오고 있었다. 그런 날이면 난민촌은 발 디딜 곳 없는 시궁창같이 되어버린다. 온갖 오물과 쓰레기들이 골목을 덮어서 장화를 신지 않으면 걸어갈 수가 없다.

'뭐라고 마지막 인사를 하지? 무슨 이유를 대고 다시 돌아간다고 하지?'

이런 저런 핑계를 생각해봤지만 그 무엇도 마음을 편하게 해주지 않았다. 마치 패잔병이 지친 몸을 간신히 이끌고 도망가는 느낌이다. 버스에서 내려 난민촌을 걸었다. 예상했던 대로 땅이 질퍽했다.

'이제 이 길도 마지막으로 걷는 것인가!'

무거운 발걸음으로 얼마를 걸었을까. 난민촌의 아랫마을이 눈에 들어왔다. 비를 피해 처마 밑에 쪼그리고 앉아 있는 사람들, 종종걸음으로 어디론가 빠르게 걸어가는 사람들, 비에 젖을까 비닐 포장도 없는 빵을 가슴에 품고 뛰어가는 아이들이 보였다.

'아, 이제 이 광경도 영원히 보지 못하겠구나….'

잠깐 멈추어 생각을 하고 있는데 갑자기 내 뺨에 눈물이 흘렀다. 그리고 누군가가 내 안에서 이렇게 말하는 것 같았다.

'이 땅에 소망이 있니?'

갑자기 내 마음 속에 '소망'이란 단어가 크게 들렸다. 그리고 다시 이런 소리가 더 크게 내 마음을 치기 시작했다.

'나는 이 땅에 소망이 있다. 나는 이 땅에 소망이 있다.'

두 번이나 내 마음을 때리듯 흔들어 놓았다.

'이 땅에… 소망이… 있다고?'

나는 한참을 그렇게 비를 맞고 서 있었다.

'주께서 이 땅에 소망이 있다고 하시는구나. 처절한 삶을 살아가는 이 사람들에게 오직 주님만 소망을 가지고 계시는구나.'

그리고 또 소리가 들렸다.

'네게도 이 땅을 향한 소망이 있니?'

순간, 나는 숨을 쉴 수가 없었다. 이들에게도 나 자신에게도 소망이 보이지 않았기 때문이었다. 비 내리는 난민촌 한복판에서 나는 하나님을 보고, 나를 봤다. 잃어버린 영혼에 대한 '아버지의 소망'을 보았다.

다시 마음을 가다듬고 가던 길을 재촉했다. 눈에 익숙한 교회가 나타났다. 숨을 한번 크게 들이쉬고 교회 문을 열었다. 비가 오면 교회 안이 온갖 오물로 가득해져서 성도들이 거의 나오지 않는 게 일반적이다. 그런데 그날은 거의 모든 성도가 나와서 교회를 청소하고 리더와 함께 성경공부를 하고 있었다. 문이 열리자 리더가 나를 알아보고 환영해주었다. 여전한 모습이었다. 그들은 흥미롭고 열정적이고 순수했다.

내가 말을 꺼내려 할 때 그들이 한 명씩 나를 안아주기 시작했다. 그들은 아무 말도 하지 않았다. 그냥 나를 안아주고 다시 자리로 돌아갔다. 나는 아무것도 할 수 없었다. 엄마 앞에 선 어린아이처럼 그들의 품에 안겼다. 그리고 한없이 눈물을 쏟아냈다. 우리 모두는 그렇게 아무 말도 하지 않고, 서로 눈물만 흘렸다.

이미 성도들은 내가 어떤 상태인지, 어떤 문제가 있는지 알고 있는 것 같았다. 그들은 나를 위해 기도했다. 내 영혼을 위해, 내 사역을 위해, 그리고 이 땅을 위해. 그날도 내가 교회에 올 수 있도록, 주님이 나를 만나주시도록, 그리고 내가 떠나지 않도록 기도하고 있었다고 한다.

나는 떠날 수 없었다. 그날 나는 '이 땅을 향한 하나님의 소망'을 찾았기 때문이다.

하나님이 부르시는 마음

하나님이 쓰신 대부분의 선지자는 그분의 주권으로 부르심을 받은 자들이다. 다른 사람들이 들을 수 없는 것을 듣고, 다른 사람들이 볼 수 없는 것을 본 사람들이다.

예레미야는 선지자가 되고 싶지 않았다. 생각도 하지 않았다. 하나님의 부르심에 선뜻 "네"라고 답하지 못했다. 숨고 싶고 거부하고 싶었다.

"나는 아이라 말할 줄 모릅니다."

이 고백은 예레미야의 진심이었다. 그는 자신이 아이처럼 말을 잘

하지 못한다고 했다. 그렇다. 선지자는 말을 잘해야 한다. 하나님의 말씀을 정확하게 전달하기 위해 좋은 교육을 받았다면 더 좋았을 것이다. 실상 당시에 그런 선지자는 많았다. 종교인이 되고 싶어 선지자 교육을 받은 사람들, 내로라하는 가문과 배경, 선지자였던 아버지의 삶을 이어 받아 선지자나 제사장으로 살아가는 사람들.

선지자는 종교적 유명세를 얻으면 안정적인 생활을 할 수 있는 직분과 명예를 가질 수 있는 직업이기도 했다. 그렇게 종교인으로 살아가는 것도 나쁘지 않았을 것이다. 백성이 존경하고 인정해주는 자리이기도 했기 때문이다.

내가 너를 모태에 짓기 전에 너를 알았고 네가 배에서 나오기 전에 너를 성별하였고 너를 여러 나라의 선지자로 세웠노라 하시기로 렘 1:5

하나님은 예레미야를 선지자로 부르셨다. 왜 하나님은 선지자가 되고 싶은 그 많은 사람들을 제외하고, 약하고 말 못하고 슬픔 많은 이 사람, 예레미야를 선지자로 선택하셨을까? 용기도, 자신감도, 목적도 없어 보이는, 보통보다 못해 보이는 그가 도대체 누구이기에 하나님의 마음이 그에게 있었을까?

예레미야에게는 다른 사람들에게 없는 한 가지가 있었다. 자기 민족을 향한 '눈물'이었다. 하나님의 부르심에 대한 예레미야의 첫 대답은 "슬프도소이다"라는 것이었다. 그는 선지자의 삶이 무엇인지 이미 알았던 것 같다. 외롭고 고독하고 고통스럽고 희락과 기쁨이 라고는 찾아볼 수 없는 삶, 곧 슬픔의 삶이다. 당시 유다 백성은 하나님을 떠나 스스로 망해가고 있었다. 하나님의 말씀을 듣지 않고 영적 패망의 길로 가고 있는 무지한 백성 가운데 선지자로 산다는 것은 막막함과 괴로움으로 가득한 삶이었을 것이다. 예레미야가 고백한 슬픔 속에는 당시의 모든 암울한 현실이 담겨 있다. 하나님을 떠나 죄의 우물 속에서 회개하지 않는 백성과 그들을 향해 여전히 손을 내미시는 하나님의 아픈 마음을 알고 있는 예레미야다. 그렇기에 선지자의 삶을 살고 싶지 않았을 것이다.

> 여호와께서 내게 이르시되 너는 아이라 말하지 말고 내가 너를 누구에게 보내든지 너는 가며 내가 네게 무엇을 명령하든지 너는 말할지니라 너는 그들 때문에 두려워하지 말라 내가 너와 함께하여 너를 구원하리라 나 여호와의 말이니라 하시고 여호와께서 그의 손을 내밀어 내 입에 대시며 여호와께서 내게 이르시되 보라 내가 내 말을 네 입에 두었노라
>
> 렘 1:7-9

그러나 말할 줄 모른다던 선지자 예레미야는 지금도 우리에게 성경 말씀을 통해 외치고 있다. 하나님이 쓰시는 사람, 슬픔을 알지만 말할 줄 몰랐던 그 사람은 지금도 우리의 마음을 흔들어 놓고 있다.

하나님이 그에게 원하신 것, 선지자 예레미야에게 주신 사명은 하

나님이 말씀하는 곳이라면 어디든 가는 것과 하나님이 말씀하시면 누구에게든 두려움 없이 말하는 것이었다. 사람들을 두려워했던 예레미야는 하나님이 그의 입에 주신 말씀으로 슬픔을 이기고 선지자의 길을 걸어간다. 선지자의 삶은 어디로든, 언제든 떠날 준비가 되어 있어야 했다. 선교사의 삶 역시 마찬가지다. 이것이 하나님이 선교사에게 원하시는 삶이다.

chapter 3

애통의 눈물을 가졌는가

슬프고 아프다 내 마음속이 아프고 내 마음이 답답하여 잠잠할 수 없으니 이는 나의 심령이 나팔 소리와 전쟁의 경보를 들음이로다 패망에 패망이 연속하여 온 땅이 탈취를 당하니 나의 장막과 휘장은 갑자기 파멸되도다 내가 저 깃발을 보며 나팔 소리 듣기를 어느 때까지 할꼬 내 백성은 나를 알지 못하는 어리석은 자요 지각이 없는 미련한 자식이라 악을 행하기에는 지각이 있으나 선을 행하기에는 무지하도다

예레미야서 4장 19-22절

전기가 없는 곳에서 전기를 쓰려면 발전기를 사용해야 한다. 아프간에 있던 어느 날, 잠깐 전기를 쓰려고 기름을 붓고 발전기를 돌렸다. 그때 나는 어느 사무실의 방 한 칸을 빌려 쓰고 있었는데, 거기 낡은 TV가 한 대 있었다. 위성으로 미국의 CNN과 영국의 BBC, 그리고 무슬림 채널인 알 자지라(Al Jazeera) 방송이 나왔다. 알 자지라 방송은 주로 무슬림 국가를 중심으로 방송을 하는데, 특히 분쟁에 대한 소식은 다른 두 방송보다도 신속해서 나는 이 방송을 자주 본다.

그날도 발전기를 돌리고 방송을 보는데 갑자기 속보라고 하면서 'Korea War(한국 전쟁)'라는 글자가 화면에 크게 떴다. 나는 순간 눈을 의심하며 TV 앞으로 달려갔다. 아나운서는 방금 들어온 속보라면서 다급하게 한국에 전쟁이 났다는 소식을 전했다. 다른 두 개의 방송을 틀었더니 그곳에서도 같은 내용의 속보를 전하고 있었다. 그리고 잠시 후에 또다시 방송 자막에 'North Korea attack South Korea(북한이 남한을 공격하다)'라고 떴다.

순간 온몸이 얼어붙었다. 어찌할 바를 몰라서 멍하니 서 있는데 등에서 식은땀이 흘렀다. 뭔가를 해야 하는데 아무것도 할 수 없었다. 나는 떨리는 손으로 한국에 계신 어머니에게 전화를 했다. 전화를 받지 않으신다. 놀란 가슴을 진정시키며 부산에 있는 아내에게 전화를 했다. 한참을 울리더니 아내가 전화를 받았다. 막상 전화가 연결

되자 나는 무슨 말부터 해야 할지 몰라 버벅거렸다. 내 목소리에 놀란 아내가 도리어 나에게 무슨 일이 있는지 물었다.

"지금 한국에 전쟁이 났다는데 무슨 일이야?"

내가 흥분해서 물었다. 아내는 무슨 뚱딴지 같은 소리를 하냐는 듯이 대꾸해 나를 무색하게 했다. 그래서 뉴스에서 들은 소식을 전하니 그제야 아내가 말했다.

"연평도에 북한의 공격이 있었어요."

나는 놀란 가슴을 쓸어내렸다. 나중에서야 연평도에 북한의 포격 도발이 있었다고 하면서 특파원을 연결해 연평도 상황과 한국 내의 대응을 전해주었다.

막힌 귀, 가려진 눈

내 조국이 전면전을 치르게 되지 않은 건 안심이 되었지만, 대한민국 영토에 북한의 미사일이 떨어지고 사람들이 대피하는 게 평범한 일은 아니었다. 마음을 진정시키는 데 오랜 시간이 필요했다.

그리고 얼마 후 알 자지라 방송은 북한에 특파원을 보내 북한 내에서의 움직임을 취재했다. 무슬림 방송이기에 다른 서방 방송이 들어갈 수 없는 북한까지 들어갈 수 있었던 것 같다. 그들은 연평도에 폭격을 가한 북한의 내부 사정을 취재하고 그것을 특집으로 방영했다.

평양 거리에서 북한의 연평도 사건에 대해 시민들에게 묻자 모두가 연습이라도 한 것처럼 담담하고 비장한 얼굴을 하고 이구동성으로 말했다.

“우리는 위대한 지도자 동지와 함께 남한을 해방시킬 것이다.”

그리고 취재진은 북한군을 찾아 장교와 병사를 인터뷰했다. 그들 또한 당장이라도 전쟁을 할 기세다.

“우리는 3일 만에 남한을 해방시키겠다는 각오로 언제나 위대한 지도자 동지의 명령만 기다리고 있다.”

내가 직접 북한에 들어가 그들을 만난 것도 아닌데, 그 군인의 눈에서 독기가 뿜어져 나오는 게 느껴졌다. TV로 보는데도 심장이 떨릴 정도였다. 명령만 내리면 제일 먼저 남한으로 돌진할 것 같은 열정과 각오였다.

같은 시각, 알 자지라 방송은 서울의 명동 거리에서도 취재를 했다. 거리를 지나가는 젊은 청년들에게 연평도 사건에 대해 묻자 열 명 중 다섯 명은 처음 들었다고 했다. 그런 일이 연평도에서 있었는지 오히려 기자에게 묻기도 했다.

대한민국의 한쪽에서는 폭격을 받아 사람들의 생사가 왔다갔다 하는데, 잘못하면 남북이 전쟁을 할 수 있는 일촉즉발의 위기 속에서도 이 일의 심각성을 알고 있는 젊은이들이 별로 없었다.

같은 사건을 가지고 남과 북이 이렇게 차이를 보이고 있었다. 한쪽은 전쟁을 위해 목숨까지 바칠 준비를 하고 있고, 한쪽은 즐기고 먹고 마시며 언제까지나 태평한 나날을 보낼 거라 생각하는 모양이었다.

알 자지라 방송은 연평도 사건을 놓고 한 민족이지만 두 개로 갈라져 있는 남과 북의 대조적인 반응을 두고 토론까지 벌였다. 전쟁을 통해 남한을 해방하겠다는 북한의 젊은이들에 비해 남한의 젊은이들에게 북한은 자신과 전혀 상관없고 관심도 없는 멀고 먼 나라의 일일 뿐이었다.

물론 전쟁은 일어나서도 안 되고 일으킬 생각을 해서도 안 된다. 그러나 1년 365일 중에 전 세계에서 전쟁이 없는 날은 평균 7일이라고 한다. 이것도 2007년 통계다. 지금 내가 사는 땅에서는 매일같이 전쟁의 소식과 소문이 들린다. 아마도 전 세계적으로 보면 전쟁과 테러와 내전으로 하루도 쉴 날이 없을 것이다.

그럼에도 원수는 우리의 귀를 막고 눈을 가린다. 보이는 것이 전부하고 믿게 만든다. 그렇게 지내다 보면 나중에는 보이는 것도 믿지 않게 된다. 듣지 않기로, 믿지 않기로 작정했기 때문이다.

방송이 주는 힘도 그렇다. 실제 사실은 100퍼센트인데 방송에서 이것을 20퍼센트로 만들어 내보내면 우리는 20퍼센트가 전부라고 믿는다.

나는 외부에 있었기에 이 사건에 대해 다양한 각도에서 볼 수 있었다. 아니, 어쩌면 이것도 100퍼센트가 아닐 수도 있다. 그러나 정작 당사자들은 코앞에서 일어나고 있는 현실을 보지 못하고 있었다.

전쟁의 주관자 되시는 하나님

어떻게 보면 성경은 전쟁의 역사다. 그러나 하나님은 전쟁이 자신에게 속한다고 말씀하셨다. 사사기에 보면 하나님이 전쟁을 알지 못하는 세대를 위해 이방인들을 남겨두셨다고 말씀하신다.

> 여호와께서 가나안의 모든 전쟁들을 알지 못한 이스라엘을 시험하려 하시며 이스라엘 자손의 세대 중에 아직 전쟁을 알지 못하는 자들에게 그것을 가르쳐 알게 하려 하사 남겨 두신 이방 민족들은 블레셋의 다섯 군주들과 모든 가나안 족속과 시돈 족속과 바알 헤르몬 산에서부터 하맛 입구까지 레바논 산에 거주하는 히위 족속이라 남겨 두신 이 이방 민족들로 이스라엘을 시험하사 여호와께서 모세를 통하여 그들의 조상들에게 이르신 명령들을 순종하는지 알고자 하셨더라 삿 3:1-4

하나님이 이스라엘 가운데 전쟁을 허락하신 이유는 여호와를 알지 못하는 이방인들을 남겨 두심으로 그들을 통하여 이스라엘을 가르치고자 하심이었다. 이방인들을 가시로 사용하셔서 하나님의 말씀에 순종하지 않는 그분의 백성을 깨우치고자 하심이었다. 그 중심에 전쟁이 있었다.

유다 백성은 하나님의 말씀을 듣지 않았다. 그들이 좋아하는 신을 섬기고, 과부와 고아를 배척하며, 공의와 정의도 버렸다. 이것은 하나님 없는 사람들의 삶이다. 자기 외에는 보이지 않는다. 그러면서도 그들은 평화를 말한다. 그들이 누리는 평화가 하나님이 주신 것이며, 하나님은 영원히 그 평화를 깨지 않으실 거라 말한다. 지금 잘 먹고 잘 사는 게 하나님의 은혜라고 믿고 있다.

그러나 예레미야는 우상을 섬기는 죄와 하나님을 거역하는 죄에서 돌아오라고 외친다. 그렇지 않으면 유다는, 예루살렘 성읍은 바벨론으로 인해 파멸을 맞게 될 것이라고 경고한다. 하지만 사람들은 듣지 않는다.

그 전쟁의 위기와 재앙을 본 사람은 예레미야뿐이었다. 그는 멀리서 쳐들어오는 공포의 바벨론 군사들을 보았다. 전쟁을 할 줄 알고 싸움에서 패한 적 없는 바벨론은 연약한 유다와는 상대가 안 되는 적이었다. 그들의 나팔 소리와 전쟁을 알리는 깃발은 유다를 향한 경고의 외침이었다.

사랑하기에 애통하는 마음

우리가 눈물을 흘릴 때는 주로 언제인가? 슬픈 영화나 감동적인 장면이 나를 울먹이게 할 수 있다. 아플 때도 슬플 때도 고독할 때도 우리는 눈물을 흘린다. 아주 감격적인 기쁨의 순간에도 눈물이 난다.

예레미야의 눈물은 기쁨의 눈물이나 감동과 감격의 눈물이 아니다. 그의 눈물은 슬픔의 눈물이다. 무너져버린 유다와 하나님의 성읍 예루살렘, 수많은 하나님의 경고에도 눈 하나 깜짝하지 않고 자기의 길을 가며 우상을 섬기고 공의와 정의를 잃어버린 백성의 무지함에 흘러내리는 선지자의 눈물이다.

슬프고 아프다 내 마음속이 아프고 내 마음이 답답하여 잠잠할 수 없으니 이는 나의 심령이 나팔 소리와 전쟁의 경보를 들음이로다 패망에 패망이 연속하여 온 땅이 탈취를 당하니 나의 장막과 휘장은 갑자기 파멸되도다 내가 저 깃발을 보며 나팔 소리 듣기를 어느 때까지 할꼬 내 백성은 나를 알지 못하는 어리석은 자요 지각이 없는 미련한 자식이라 악을 행하기에는 지각이 있으나 선을 행하기에는 무지하도다

렘 4:19-22

이것이 당시 유다 백성의 상황이었다. 문 밖에서 떠드는 전쟁의 소리를 듣지 못하고, 문 안에 들어앉아서 여전히 악을 행하며 우상에게 절하고 하나님과 아무 상관없이 홍청망청 살고 있었다. 그들은 앞으로 닥칠 전쟁의 소리에 귀를 막았다. 세상의 소리에 귀를 열어버려서 하나님의 소리를 들을 수 없었다. 선지자는 그런 백성이 보지 못하는 것을 봐야 했다. 그리고 외쳐야 했다.

지금 내 조국은 어떤 소리를 듣고 있을까? 난 전쟁을 아주 가까이서 보고 있다. 전쟁의 소리가 무엇인지, 적의 깃발이 무엇이지 너무 가까이서 듣고 보게 된다. 두려움과 불안이 매일 저녁 엄습하고, 아침이면 새가 지저귀는 소리 대신 총격과 포탄 소리가 들린다. 위험이

예견되는 자리에서 그 소리를 들어야 했다. 언제 날아올지 모르는 포탄을 하염없이 기다리며 숨을 죽여야 하는 순간이면 온몸에 피가 마르는 것 같다.

어딘가에서 포탄이 날아올 것을 알면서도 태평스럽게 쇼핑을 하고 외식을 하고 오락을 즐기는 사람은 없을 것이다. 하나님이 내 조국에 전쟁을 허락하지 않으시길 소원한다. 그것은 비극이고 절망이다. 그러나 우리가 기억할 것은 유다가 하나님을 떠났을 때 하나님이 바벨론을 사용하셨다는 점이다.

'우리도 겸비하게 기도하면 하늘에서 듣고 하나님이 그 땅을 고치실 텐데….'

나는 그날 밤, 아프간의 사무실 한 구석에서 아주 진지하게 내 조국을 위해 기도하며 슬피 울었다.

눈을 감으면 눈물이 흐르고
눈을 뜨면 당신의 슬픔이 보입니다.
황폐한 백성의 마음은 당신께 돌아올 줄 모르고
적의 군대는 밤에도 잠을 자지 않습니다.

그들의 함성이 들리지만,
우리의 밤거리에는 노랫소리와 불빛이 가득합니다.
하나님의 손이, 진노의 손이 들려 백성을 향하지만

우리는 눈이 어두워 여전히 밤을 좋아합니다.
죄가 우리의 눈을 가리고
탐심이 우리의 마음을 닫았습니다.

십자가는 빛을 잃고, 말씀엔 힘이 사라졌습니다.
선지자들은 더 이상 성벽 위에 서지 않고
제사장들은 거룩함을 잃었습니다.

눈을 감으면 눈물이 흐르고
눈을 뜨면 당신의 슬픔이 보입니다.
태평하다 하나 실상은 고난의 시작이고
조용하다 하나 실상은 요란합니다.
하나님의 백성이 길을 잃고 거리마다 서성입니다.

살아 있지만 호흡할 수 없는 이 땅의 백성이
굶주리며 헤매고 있습니다.
소망이 있다 말하지만
실상은 죽은 나무와 같습니다.

주님, 어찌하리이까.
당신의 백성을 어찌하리이까.

chapter 4

신뢰의 전쟁터에서

그런즉 너는 이 백성을 위하여 기도하지 말라 그들을 위하여 부르짖어 구하지 말라 내게 간구하지 말라 내가 네게서 듣지 아니하리라 너는 그들이 유다 성읍들과 예루살렘 거리에서 행하는 일을 보지 못하느냐

예레미야서 7장 16,17절

나는 무슬림 사역자다. 사람들은 내게 선교지에서 가장 어려운 일이 무엇인지 종종 묻는다. 재정, 음식, 관계, 치안, 날씨, 언어 등 수많은 어려움이 있다. 그러나 가장 큰 어려움은 만연한 부정과 부패, 거짓이다. 이렇게 사람을 속이고, 거짓으로 위장하고, 부패의 중심에 있는 것은 그들이 진정한 하나님을 모르고 있기 때문이다.

나는 많은 무슬림들과 오랫동안 함께했다. 그 모습을 인내하는 데 늘 한계를 경험하지만, 그들이 아직 예수님을 모르고 그분의 가르침도 알지 못함을 알기에 그 삶을 이해하고 받아들이며 함께 살아간다. 예수님에 대해 듣지 못한 그들은 진정한 가치를 알지 못하기에 오랜 시간 기다리며 버텨야 한다.

하지만 무슬림들만 부패의 중심에 있는 것은 아니다. 나는 그들뿐 아니라 지역의 기독교 사회에도 관여하고 있다. 같은 민족이지만 다른 종교를 섬기는 사람들과 오랜 시간 공적이고도 사적인 관계를 맺고 있다. 그러다 보면 정말 부끄럽고 인정하고 싶지 않은 일들을 만나기도 한다.

어느 날, 물건을 싣고 비포장도로를 달리던 차가 뒤집히는 일이 생겼다. 다행히 사람들이 많이 다치지는 않았지만 차에 실려 있던 물건들이 쏟아졌다. 그 순간, 주위의 수많은 사람들이 몰려와서 차에 있던 물건들을 가지고 도망쳤다. 비상용으로 둔 엔진오일은 물론이고 자동차 바퀴까지 빼갔다.

차가 뒤집히고 사람들이 부상을 입었는데, 그들의 관심은 오직 차에 있는 물건에만 쏠렸다. 쓰러진 사람들은 그대로이고 물건만 없어졌다. 그런데 나중에 온 어떤 사람들이 부상을 입은 운전자와 동행한 사람들을 부축해 인근 경찰서로 데려다주었다. 아이러니하게도 차량의 물건을 훔쳐간 사람들은 그 지역의 기독교인들이었고, 부상 입은 운전자를 부축해 경찰서로 인도한 사람들은 무슬림들이었다.

하나님을 섬긴다고 말하고 예배하며 살지만 그것은 겉모습일 뿐, 언제나 물질이 먼저이고 자기에게 이익이 되는 것이라면 무엇이든 할 수 있는 사람들. 선교 현장에서 이런 기독교인들을 만나면 가슴을 치게 되고 마음이 찢어지는 아픔을 경험하지만 인정할 것은 인정해야 한다. 화가 나는 일이지만 이것이 현실이다.

물건을 훔쳐 달아난 그들 역시 배고프고 가난한 사람들이다. 그러니 훔칠 수도 있고 살겠다고 도망갈 수 있다는 것까진 이해한다. 그러나 그 옆에 쓰러져 죽어가는 사람들이 있다는 사실마저 염두에 두지 않는다는 건 정말 마음 아픈 일이다. 사람이 먼저인데, 믿는다는 사람들이 자기 배를 채우는 걸 우선으로 둔다.

진정한 지혜는 말한다

예레미야 시대의 유다 성읍과 예루살렘 거리는 마치 오늘날 기독교를 인정하는 나라와 교회들을 가리키는 것 같다. 하나님은 유다가 다윗을 이어 여호와 앞에 순종하는 나라가 되기를 바라셨지만, 그 바람은 한 세대도 지나지 않아 다윗의 아들 솔로몬에서부터 무참히 깨어지고 만다.

하나님으로부터 받을 수 있는 복을 다 받았던 솔로몬은 최강 국가의 최고 통치자로 모든 나라의 부러움을 샀다. 주변의 어떤 나라도 감히 이스라엘을 넘볼 수 없었고 침략할 수 없었다. 그들의 정치적, 경제적, 군사적 힘은 어떤 나라보다 으뜸이었고, 다른 나라에서 솔로몬의 지혜와 통치를 배우기 위해 이스라엘로 모여들 정도였다.

태평성대. 한동안 이스라엘은 최고의 왕과 함께 아무런 걱정 없이 부와 영화를 누리는 행복한 시절을 보냈다. 하지만 이스라엘 최고의 지혜와 통솔력으로 나라를 일으키고 하나님의 성전을 봉헌해 그 마음을 기쁘시게 했던 솔로몬은 이방 여인에 의해 무너지기 시작한다. 전도서는 솔로몬이 말년에 쓴 책으로, 화려했던 그의 인생이 이방 여인으로 말미암아 무너지면서 깨닫게 된 내용이 기록되어 있다.

초상집에 가는 것이 잔칫집에 가는 것보다 나으니 모든 사람의 끝이 이와 같이 됨이라 산 자는 이것을 그의 마음에 둘지어다 슬픔이 웃음보다 나음은 얼굴에 근심하는 것이 마음에 유익하기 때문이니라 지혜자의 마음은 초상집에 있으되 우매한 자의 마음은 혼인집에 있느니라

전 7:2-4

솔로몬의 이 고백은 인생의 결론처럼 느껴진다. 화려한 인생, 지구상의 그 누구도 부럽지 않을 만한 태평성대를 누렸지만 인생의 마지막에서 돌아보니 그 화려함이 아무것도 아니었음을 알게 된 것이다.

한때 이 땅에서 가장 많은 부와 명예와 존경과 권력을 누렸지만 결국 이방 여인들의 품속에서 놀아나게 된 솔로몬. 그는 놀라운 축복을 한순간에 잊고 하나님을 버리고 우상을 섬기며 나약하고 쓸모없는 인생으로 전락하고 말았다. 그 역시 누구도 피해갈 수 없는 죽음의 문턱, 하나님의 존전에 가야 할 지점에 서게 되었기 때문이다.

건강하고 가진 게 많아 모든 걸 할 수 있을 것 같아 매일 잔치하고 혼인하고 눈에 보이는 수많은 쾌락을 즐기며 홍청망청 인생을 살 때는 언젠가 맞이하게 될 죽음을 생각하지 못했을 것이다. 하지만 천하의 영웅이라도 모두가 죽음을 맞이하게 되고, 그 죽음 뒤에 하나님의 공의가 기다리고 있음을 알아야 한다. 그 심판은 피해갈 수 없다.

솔로몬은 전도서에서 자신의 처지를 생각하며 다음 세대에게 충고한다. 초상집에서 인생의 결국이 무엇인지, 그 결국 뒤에 있는 것은 또 무엇인지를 생각하며 사는 것이 지혜자의 삶이라고 말이다. 세상의 그 누구도 갖지 못했던 하나님의 지혜로 평생을 살았던 사람의 지혜에 대한 결론이다. 자신의 지혜를 배우기 위해 몰려온 열국의 지도자들을 감탄하게 할 만한 지혜를 가지고 있었지만, 그는 말년에 이르러서야 진정한 지혜자의 삶을 뼈저리게 깨닫게 되었다.

"지혜자의 마음은 초상집에 있고, 우매자의 마음은 혼인집에 있다."

모든 걸 가지고 누렸다고 생각했지만 돌아보니 허무한 빈 깡통 같은 인생. 그것이 비단 솔로몬만의 이야기겠는가? 부자와 나사로의 이야기도 솔로몬의 이야기와 별 다를 게 없다. 부족함이 없는 이 땅의 인생이었지만 하나님을 알지 못한 인생은 언제가 만나게 될 그 분 앞에서 처절하고 불쌍한 인생으로 바뀐다. 우리는 이 땅에서의 삶이 모든 것이 아님을 알아야 한다.

주님이 부르시는 영원한 그곳을 보게 될 날이 올 것이다. 그렇기에 이 땅에서 모든 것을 가졌다고 자랑할 필요도 없고, 이 땅에서 가졌던 것이 없다고 좌절할 필요도 없다. 이 땅에서 모든 것을 가진 사람이 영원한 주님 앞에서는 아무것도 가지지 못한 빈털터리가 될 수 있고, 아무것도 갖지 못했던 인생이 영원한 주님 앞에서 모든 것을 가질 수 있기 때문이다.

듣지 않으시겠다는 하나님의 마음

솔로몬의 죄와 그 결과는 그 다음 세대에서 여실히 드러난다. 나라가 두 동강 났고, 왕들은 죄를 선택했으며, 백성은 그 왕을 따랐다. 이방 신들이 하나님의 백성에게서 왕 노릇 하고, 하나님의 백성은 그들에게 절하며 섬기는 일을 멈추지 않았다. 모세에게 주셨던 하나님의 계명은 쓰레기 취급을 받았고, 아무도 그것에 마음을 두지 않았다.

성경은 유다와 예루살렘에서 자행되고 있는 백성의 악행을 자세히 기록한다. 이에 하나님은 "내 백성을 위해 기도하지 말고 부르짖지도 말고 구하지도 말라"라고 말씀하신다. 듣지 않으시겠다는 것이다. 그들의 죄를 정의로 다스리기로 결정했기 때문에 네가 기도해서 마음을 흔들지 말라는 것이다. 예레미야의 기도가 하나님의 분노를 쉬게 할까 부르짖지 말라 하신다.

어쩌면 그들이 하나님의 백성이었기에 더 용서 받을 수 없었을 것이다. 수많은 선지자들을 보냈고, 그들을 통해서 돌아오라 외치고 또 외쳤지만, 그들의 얼굴은 바위처럼 굳어서 미동도 하지 않았다. 피조물인 인간이 창조주이신 하나님을 거역하고, 배신하고, 불신했으며, 하나님은 그런 인간에게 거절을 당하셨다.

성경에 나오는 이스라엘의 역사가 오직 그때만의 문제이겠는가! 이사야 선지자 때도 하나님은 같은 말씀을 하셨다.

여호와께서 말씀하시되 너희의 무수한 제물이 내게 무엇이 유익하뇨 나는 숫양의 번제와 살진 짐승의 기름에 배불렀고 나는 수송아지나 어린 양이나 숫염소의 피를 기뻐하지 아니하노라 너희가 내 앞에 보이러 오니 이것을 누가 너희에게 요구하였느냐 내 마당만 밟을 뿐이니라 헛된 제물을 다시 가져오지 말라 분향은 내가 가증이 여기는 바요 월삭과 안식일과 대회로 모이는 것도 그러하니 성회와 아울러 악을 행하는 것을 내가 견디지 못하겠노라 내 마음이 너희의 월삭과 정한 절기를 싫어 하나니 그것이 내게 무거운 짐이라 내가 지기에 곤비하였느니라 너희가 손을 펼 때에 내가 내 눈을 너희에게서 가리고 너희가 많이 기도할지라도 내가 듣지 아니하리니 이는 너희의 손에 피가 가득함이라 사 1:11-15

하나님은 지금 우리에게도 동일하게 말씀하신다. 밤이면 온통 술과 쾌락이 이 나라를 지배한다. 온 거리와 골목은 술집으로 가득하고 잡다하고 음란한 업소들이 즐비하다. 청년부터 나이든 어른에 이르기까지 먹고 놀고 마시고 즐기기에 바쁘고, 비리와 부패와 부정과 거짓이 사회의 주인공이 되었다.

'부정과 부패'는 대한민국에서도 빠질 수 없는 단어다. 부패에 대한 뉴스가 하루도 쉬지 않고 오르내리지만 보이는 것보다 보이지 않는 것이 더 많을 것이다. 정직이 없고 공의가 없는 땅에서 부정과 부패가 왕 노릇 하는 건 당연하다.

그걸 증명이라도 하듯 "정직하게 살면 바보로 취급 받는다"는 말을 많이 한다. 사업을 하는 사람이든 정치를 하는 사람이든 교육을 하는 사람이든, 정직을 행하는 것이 왜 바보로 취급을 받아야 하는 일인지, 이 사회는 정말 정직을 버린 것인지 마음이 무겁다. 신념, 순수, 순진이라는 단어를 쓰는 것이 왠지 낯설어 주춤거리게 된다.

"성회와 아울러 악을 행하는 것을 내가 견디지 못하겠노라."

하나님을 모르는 이방인들에게 하신 말씀이 아니다. 하나님의 백성이라고 일컫는 사람들을 향한 말씀이다. 하나님의 율법과 계명을 조상으로부터 전달 받아 살아온 사람들, 절기와 제사를 지키며 사는 것이 자연스러운 사람들을 향한 말씀이다.

성회 그리고 악. 하나님의 백성이라는 자들이 반대적인 이 두 가지 일을 동시에 행했다. 가증한 두 얼굴의 삶을 세상과 사람들은 모를 수 있어도 하나님은 명확히 아시고 모든 것을 보신다. 우리에게는 이런 가증한 삶을 살 수 있는 죄성이 살아 있다. 내가 죽어야 주님이 내 안에서 사신다고 외치지만 어떻게 죽어야 하는지 모른다. 내가 살아 있기에 여전히 죄의 유혹을 이길 수 없다.

바울은 우리 안에서 성령의 법과 육체의 법이 공존하며 싸운다고 말한다. 우리는 매일같이 이런 싸움 앞에 놓여 있다. 이 싸움에서 이기는 쪽이 우리의 태도로 나타난다. 육체의 법이 이기면 육체의 썩어질 것이 나타나고, 성령의 법이 이기면 성령의 열매가 나타난다. 이 싸움은 한 번에 끝나는 것이 아니라 매일 우리를 전쟁으로 몰아넣는다.

교회에서는 성령의 법이 이기고 세상에서는 육체의 법이 이긴다고 말하지 말라. 이것은 치열한 싸움의 결과가 아니다. 두 마음을 자기가 편한 식으로 이용하는 것일 뿐이다. 우리는 여기에 잘 길들어져 있다. 자동적으로 자기에게 무엇이 유리한지를 판단하고 필요에 따라 사용한다. 한 가지 중요한 사실은, 이렇게 필요할 때만 이용하는 자기의 법 안에는 성령의 법이 없다는 것이다. 만약 성령의 법이 있다면 육체의 법과 싸움이 있게 마련이다. 그 싸움이 없다면 이미 육체의 법이 나를 주장하고 있는 것이다. 그리스도의 영이 없으면 그리스도의 사람이 아니다.

> 너희가 육신대로 살면 반드시 죽을 것이로되 영으로써 몸의 행실을 죽이면 살리라 롬 8:13

명확하다. 육신의 법을 이길 수 있는 것은 그리스도의 성령이다. 성령의 법은 몸의 썩어질 행실을 그냥 두지 않는다. 이것이 당연한 법칙이다. 그리스도의 영이 거하면 그 영이 육체의 법을 괴롭히고 힘들게 한다. 그리고 싸움이 계속된다면 결국 그리스도의 영이 승리하게 된다. 그리스도의 영, 즉 성령의 법은 이렇게 힘이 있다.

우리는 성령의 법이 우리를 자유하게 하는 힘을 의지하여 산다. 성령이 내 속에 계시고 그분의 법이 나를 주장하면 나는 죽는다. 정확히 말해서 내 육체의 법이 죽는다. 당연한 결과이다.

내 안에서 오늘도 죽지 않은 육체의 법과 성령의 법이 싸우고 있는가? 그 싸움이 처절할수록 성령을 의지하는 법을 배우게 될 것이다. 육체의 법, 즉 인간의 죄성에서 나타나는 모든 생각과 사고와 행동에 의지하거나 타협하지 않기 위해 수없이 성령 앞에 무릎 꿇게 되는 것이다.

부끄럽지만 난 아직도 내 안의 육체의 법이 전부 죽었다고 확신할 수 없다. 매일 내가 편한 대로, 쉬운 대로 그리고 여전히 죄의 법 아래서 종 노릇하고 있음을 경험하기 때문이다. 성회와 더불어 악을 행하는 것은 여전히 우리가 깨어지지 않아서 그렇다. 그래서 주님은 우리를 깨어지는 곳에 두신다.

실패와 좌절에서 배우는 신뢰 학교

우리는 삶에서 신뢰를 배우는 학교를 통과하게 된다. 내가 산산이 부서지는 이 학교에는 입학식만 있고 졸업식이 없다. 나는 평생 이곳에서 내가 쌓아온 육체의 법을 죽이고 성령의 법이 이기게 하는 시간을 가진다. 실패와 좌절은 이 학교에서 중요한 과목이다. 실패에 따라오는 좌절은 나를 죽이고 내 속에 계신 성령을 보게 한다.

나에겐 가정이 그 학교였고, 학창 시절도 그랬다. 무엇 하나 내가 원하는 대로, 내가 계획한 대로, 내가 그리는 그림대로 이뤄진 것이 없다. 청소년 때부터 죽음을 생각했던 나는 버려진 인생이라 여기며 내 몸을 혹사시켰고, 남을 아프게 하며 희열을 느낀 적도 있다.

주님을 만나고 내 인생은 새로워졌지만 여전히 내 속에 남아 있는 육체의 법을 죽이기에는 시간이 필요했다. 이후 내 삶에는 더 처절한 절박함이 동반되었고, 비전을 가지고 산다고는 하지만 여전히 빈털터리에 아무도 찾지 않는 산골 같은 곳에서 살고 있다. 죽음 앞에 서서 피 말리는 공포와 가난한 배고픔과 패배의 쓰라림을 느끼며 고개를 들 수 없는 외로운 시간의 연속이었다.

'내일은 밝은 날이 오겠지. 이 땅에도 밝은 태양이 뜨겠지. 이 땅에

서의 수고와 노력의 결실이 언젠가는 맺히겠지.'

이런 막연한 생각이 나를 이끌었지만 그 내일은 어제와 다를 게 없었다. 나빠졌으면 나빠졌지 좋아지지 않았다. 아무것도 자랑할 것 없고, 나타낼 것 없고, 보고할 것 없는 삶은 그렇게 흘러가고 있다. 나는 여전히 수업 중이다. 그리고 내 성적표는 하나님만 아신다.

믿음의 최전방에 있을수록 육체의 법을 따라서는 버틸 수 없다. 육체의 법에서 나오는 마음과 태도로는 단 하루도 버틸 수 없는 곳이기 때문이다. 주님이 이 전쟁 같은 시간 속에서 나를 대신해 싸우시는 것을 보면서 나는 오늘을 산다. 그러면서 나를 버리고 부인하는 삶을 배운다. 지금 나에게는 처절함과 간절함만 남아 있다. 그 처절함과 간절함이 나의 선생이다.

전쟁이 하나님께 속한 것이라고 생각은 하지만 막상 전장에 서면 적군의 강함이 하나님보다 더 크게 보여 마음이 약해지고 쉽게 낙심하는 사람들은 절대 하나님의 전쟁에 들어올 수 없다.

어떤 전쟁에서든 맨 앞에 서는 사람들은 죽음을 각오한다. 어쩌면 자기가 건축한 집을 다시 보지 못할 것이고, 포도원의 열매는 구경도 못할 것이며, 결혼은 행복에 겨운 소리일지 모른다(신 20:4-8 참조). 전쟁이라는 것이 그렇다. 전쟁에 나가면 가족의 체취가 밴 천 조각 몇 개를 가슴에 묻고 고향을 그리워할지 모른다. 하지만 그들은 이 전쟁이 자신을 살리고 가족을 살리는 것임을 안다. 그러면서도 매일 떨리는 마음을 진정시킬 수 없고 적의 강함에 기가 눌려 잠을 잘 수 없을 것이다. 언제 전투가 시작될지 몰라 늘 깨어 긴장해야 하고, 무기가 날카로움을 유지하도록 계속 손질해야 한다.

전쟁이 하루라도 빨리 끝나기를 바라지만 일주일, 한 달, 길게는 일 년 이상 기약도 없는 전쟁에 하루하루 피가 마른다. 처음에는 용기와 믿음을 가지고 나라와 민족을 지키겠다고 나섰지만 전쟁이 길어지면 기력도 용기도 믿음도 점점 사라진다. 하루하루 지쳐가며 기대가 사라지고 마음에는 절망이 몰려온다. 그런 시기에 적의 공격 소식을 듣게 된다면 온 힘을 다해 전쟁에 참여하기가 어려울 것이다.

그때 믿음의 전장에서 우리가 할 수 있는 일은 그것이 하나님의 전쟁임을 인정하는 것이다. 우리가 용맹하고 무기가 많아 적을 이겼다면 그것은 우리의 공로가 되고 자랑이 된다. 하나님의 이름으로 전쟁을 한다 하더라도, 우리의 힘과 전략과 무기가 우리의 의지 대상이 되고 용기의 도구가 된다면 우리는 스스로의 힘으로 전쟁을 한 것이라 말하게 될 것이다.

그래서 하나님에게는 군사의 많고 적음이 중요하지 않다. 오직 이 두렵고 떨리는 전쟁터에서 자기를 포기하고 깨뜨리며 하나님의 이름으로 믿음의 전쟁을 할 자들을 부르신다. 그들은 자신을 위해서 싸우시는 하나님을 보게 될 것이다.

내가 아니라 하나님이 하시는 전쟁. 주님은 여전히 우리를 이 전쟁에 포함시키신다. 믿는 모든 사람들은 예외 없이 이 전쟁의 삶을 살아내야 한다. 시간이 걸릴지라도. 이것이 하나님의 뜻이다.

또한 이것이 하나님을 신뢰하는 자리로 들어가는 것이다. 이 전쟁터에서 우리는 육체의 법을 깨뜨리는 것을 배운다. 우리를 다스려왔던 그 육체의 법과 행실이 완전히 부서지고 깨지고 씨가 마를 때, 비로소 우리는 하나님이 나를 위해 싸우시는 것을 보게 될 것이다.

내가 죽지 않으면 내 속에서 그리스도의 영이 살아날 수 없다. 믿음의 전쟁은 내가 죽고, 내 속에서 나를 다스리시는 주님을 만나가는 과정이다. 이 전쟁의 삶에 참여한다면 분명 실패와 상처와 고난이 동반될 것이다. 실패와 좌절과 고통의 반복은 아프다. 겁나고 두렵고 떨리는 일이 즐비하다. 내가 원하지 않는 방향으로 갈 수도 있다. 처음에는 기대와 믿음으로 시작했지만 점점 짊어져야 할 무게가 커지고, 나도 모르게 전쟁의 자리에서 도망치고 싶어질 수도 있다.

하지만 여기서 도망가면 나는 하나님의 역사와 그분의 섭리와는 전혀 상관없이 살게 될 것이다. 여전히 육체의 법의 다스림을 받으면서, 성회와 더불어 악을 행하는 것이 당연하다고 여기면서 말이다. 그 자리에서는 하나님이 원하시는 신뢰를 배우기가 어렵다.

예수를 주로 시인하는 사람은 모두 이 전쟁을 통과해야 한다. 각자가 하나님이 주신 분량의 전쟁을 해야 한다. 우리는 이를 '믿음의 싸움'이라고도 하고 '선한 싸움'이라고도 한다. 하나님은 들으시는 분이다. 이제 우리에게는 그분이 들으시도록, 주님이 내 안에서 살아가시도록 우리의 삶을 신뢰의 전쟁터에 맡기는 일만 남았다.

우리를 버리지 마옵소서

땅을 잃고, 가족을 잃고, 내일을 잃어버린 사람들.

아무 소망 없는 또 하루를 보내는 사람들이 있습니다.

그런 곳에서 순교하는 성도들이 있습니다.

선교사가 아닌 평범한 사람들입니다.

그들은 주님을 모른다 하는 대신 죽음을 선택했습니다.

복음을 전하다가 죽임을 당한 것도 아니고,

예배를 드리다가 죽임을 당한 것도 아닙니다.

마지막 순간, 이 한 마디를 하지 않았기 때문입니다.

"나는 예수를 모른다."

우리보다 더 가난하고, 더 배우지 못한 사람들.

큰 교회도 없고, 쏟아져 나오는 설교도 없고,

좋은 훈련학교도 없고, 신학교조차 제대로 없는

그런 나라의 사람들이 이 한 마디를 하지 않았습니다.

바보 같은 사람들입니다.

인생을 즐길 줄도 모르고, 가족의 소중함도 모르는가 봅니다.

그들은 그 한 마디를 하지 않고 영원한 주님 품으로 갔습니다.

주님과 아무 상관없이 살면서도

여전히 주님을 믿고 산다는 착각의 여행을 하는 순간에도,
지구 반대편의 어느 나라에서는 그 한 마디를 하지 않고
주께로 가는 사람들이 있음을 기억해야 합니다.

눈을 뜨는 게 두려울 만큼 무서운 세상입니다.
얼마나 더 잔인해져야 하고, 얼마나 더 파멸되어야 하는지.
살아보겠다고 밀항했다가 돌아오지 못한 사람들,
그들은 바다 속에서 죽는 한이 있어도
바다 건너 미래의 땅으로 가고 싶어 합니다.
죽음보다도 싫은 고향.
처절한 가난과 지긋지긋한 전쟁, 내일이 없는 매일의 밤.
거리를 서성이는 이들에게는 말을 걸어도 대답이 없습니다.
눈빛에도 아무런 소망이 담겨 있지 않습니다.
얼마나 고통스러운 땅인지.
얼마나 떠나고 싶은 땅인지.
사람들은 자신의 고향인 이 땅을 떠나고,
저는 여기에 있습니다.
선지자의 기도가 생각납니다.
"우리를 버리지 마옵소서."

NOT TURN AWAY *from* FOLLOWING ME

PART **2**

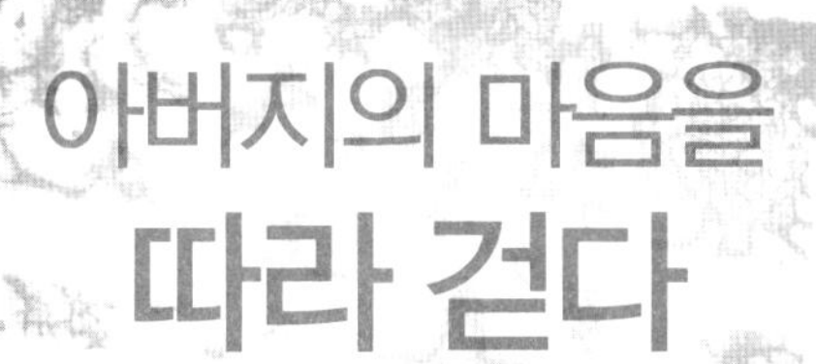

아버지의 마음을 따라 걷다

chapter 5

불붙는 마음

내가 말할 때마다 외치며 파멸과 멸망을 선포하므로 여호와의 말씀으로 말미암아 내가 종일토록 치욕과 모욕 거리가 됨이니이다 내가 다시는 여호와를 선포하지 아니하며 그의 이름으로 말하지 아니하리라 하면 나의 마음이 불붙는 것 같아서 골수에 사무치니 답답하여 견딜 수 없나이다

예레미야서 20장 8,9절

하루를 시작하며 대문을 나설 때, 마음속으로 외치는 말이 있다.
'오늘도 무사히.'
오늘은 또 어떤 일이 내게 벌어질까? 어느 순간에도 예상대로 되는 일이 없다. 계획도, 일정도, 프로그램도 아무 소용없다. 언제나 일은 순간적으로 일어나고 즉흥적으로 처리된다. 질서도 법도 규칙도 없다. 그 시기 권력자의 결정이나 판단에 의해서 모든 것이 뒤바뀔 때도 많다.

한번은 국제 대회를 준비하며 선수들을 훈련시켰는데, 출발 당일 공항에서 대회 참석이 취소되기도 했다. 이유는 모르겠다. 그 이유를 묻는 사람도 없다. 어이가 없는 상황에서 피해를 보는 건 나와 선수들이다. 나중에 알게 된 사실은 이 일이 선수들의 항공료를 착복하기 위한 몇몇 사람들의 계략이었다는 것이다. 이들 속에서는 하루가 일 년 같다.

대가를 치르고 얻은 마음

선교지 밖에선 전혀 알 수 없는 그들의 참 모습이 그들의 집에 들어가니 보이기 시작한다. 그러나 그 대가는 너무 크다. 그 긴 하루를 살고 또 산다. 일 년이 지나고, 이 년이 지나고, 삼 년이 지나간다.

그들의 악하고 거짓된 문화와 언어, 사고방식 속에서 살면서 내가 나를 지켜 그것과 타협하지 않아야 한다. 그 싸움으로 죽을 것처럼 힘겨운 시간이 이어지고, 내 몸은 지쳐가고 힘도 빠져간다.

그런데 그 시간을 보내는 중에도 한 가지, 힘을 얻게 되는 일이 있다. 내가 관계 맺고 있는 사람들 사이에서 죽은 양심이 조금씩 살아나는 모습이 보일 때이다. 악한 영의 지배를 받으며 죽어버렸던 양심. 무엇이 옳고 그른지의 기준도, 분별도 없었다. 그렇게 오랜 세월을 살아왔기에 하나님이 주신 깨끗한 양심은 이미 죽은 지 오래되었다. 그리고 양심이 제 기능을 하지 못하니 불법과 불신과 거짓과 속임과 더러움이 그들에게서 왕 노릇 하고 있었다.

아프간에 있을 때, 그들 속에서 생활한 지 6년 만에 사람의 양심에서 진정한 울림이 일어나는 것을 느낀 적이 있다. 나와 가깝게 지내던 수석코치가 어느 날 밤, 집으로 찾아왔다. 그곳 사람들은 아주 큰일이 아니면 밤에 다니지 않는다. 나는 깜짝 놀랐고, 무슨 일이 벌어진 줄 알았다. 그런데 정작 그는 차 한 잔 하려고 왔단다.

전기가 없는 곳이라 호롱불 하나에 차 한 잔과 간단한 다과를 앞에 두고 우리는 오랜 시간 대화를 나눴다. 그곳에서 6년 만에 처음 나눠보는 진실한 대화, 인간과 인간의 대화, 거짓이 없고 불의가 없고 속임이 없는 그런 대화였다.

그의 첫 마디는 "나는 인생을 헛산 거 같아요"였다. 순간 '내가 잘

못 들었나?' 싶어 내 귀를 의심했지만 호롱불에 비친 그의 눈빛은 6년 동안 한 번도 보지 못했던 진심이 담긴 눈이었다.

그리고 이어지는 그의 말은 그냥 이 땅에 태어나서 다른 사람들처럼 사는 것이 맞다고 생각했는데, 어느 순간부터 이루 표현할 수 없는 공허함이 자기를 사로잡았고, 허무함을 느낀다는 것이다. 이 땅에서 계속 살아야 하는지, 자신과 아이들에게 어떤 미래가 있을지…. 하루 일과를 마치고 집에 돌아오면 매일 밤 이런 생각이 든다고 했다.

그는 쉬지 않고 속에 담아두었던 이야기를 꺼냈고, 나는 한 마디도 하지 않고 그의 이야기를 다 들었다. 이야기를 마친 그는 자리를 털고 일어나며 다음엔 자기 집에 나를 초대하겠다고 했다. 아내가 음식을 잘하기에 좋아할 거라고. 이곳 문화에서 외국인 남자에게 자기 아내와 가족을 소개하는 일은 생각하기 어렵다.

그날 밤, 나는 잠을 잘 수 없었다. 처음으로 이 땅에 있는 누군가와 진심 어린 대화를 나눴다. 가슴 속의 말, 양심의 소리가 들리기 시작했다. 얼마 후에 그는 약속대로 나를 자신의 집에 초대했다(처음 지켜진 약속이다).

5층짜리 아파트의 작은 집. 딸과 함께 살고 있는 그는 정말 아내가 만든 음식을 내놓았고, 나는 그와 그의 아내, 딸과 많은 이야기를 나눴다. 그들과 한 식구가 된 것 같았다. 대화하고 농담하고 웃고 즐겼다. 이런 시간이 얼마 만인지….

그의 가족은 그들의 진심을 내게 보이며 나를 가족처럼 받아들여 주었다. 나는 그 순간, 하나님이 처음 인간을 창조하신 목적의 비밀을 보는 것 같았다. 하나님이 인간에게 주신 본질은 피부색이나 종족이나 민족이나 언어와 같은 것을 넘어선다.

시간이 지나면서 나는 사람들을 얻어갔다. 그로부터 또 시간이 지나면서 양심을 가지고 고민하고 갈등하는 사람들을 만나게 되었다. 그런 사람들이 나를 찾아왔다. 그들에게 신뢰를 얻은 것이다. 점점 더 많은 사람들이 나와 이야기를 나누고 싶어 했다. 진심이 담긴 이야기, 인생의 고민과 갈등의 이야기들.

이 사람들은 가족이 아닌 외부인들에게 자신의 가족이나 인생이나 개인적인 이야기를 꺼내지 않는다. 아니, 그런 이야기를 하는 문화가 아니다. 공적인 일 외에는 서로 물어보지 않고, 관심도 없다. 이런 사람들의 마음을 얻는 것은 정말 힘들고 어렵고 시간이 많이 필요한 일이다. 그러나 마음을 얻고 나면 가족이 된다. 진정한 삶을 나누는 가족.

그중에는 내가 아끼는 나의 양들, 선수들이 있다. 지금도 눈을 감으면 한 명 한 명이 떠오르고 보고 싶어진다. 같이 고생하고, 같이 고민하고, 같이 땀 흘린 선수들이 이제는 결혼도 하고 가정을 가진 어엿한 성인들이 되었다.

그중 한 친구는 어느 날 결혼을 하게 되었다며 나를 찾아왔다. 자신은 아프간을 떠나 친척이 있는 러시아로 간다고 했다. 그가 러시아로 떠나는 가장 큰 이유는 자신이 원하는 삶, 자신의 하나님을 만나고 싶기 때문이라고 했다. 나는 그의 말을 알아들었다.

태어나자마자 무슬림이 되고 이슬람 신앙과 교육을 받고 자라며 그것이 전부라고 알고 살았는데, 이제 자신과 자녀들에게는 그 문화와 신앙을 물려주고 싶지 않다는 것이다. 주께서 그 친구의 마음을 만지시고 눈을 뜨게 하셨다. 난 그 친구를 위해 기도했다. 나는 그곳에서 오랜 시간 살면서 누구에게도 세례를 주지 못했고, 마음 놓고 복음을 전하지도 못했다. 나 스스로 복음이 되어 이들 속에서 녹아지는 것만이 내가 할 수 있는 전부였다.

나는 그때 비로소 예수님이 자기를 비워 종의 형체를 가지사 사람과 같이 되셨고, 자기를 낮추시어 죽기까지 복종하심에 대해 깨닫게 되었다. 나는 예수님처럼 모든 걸 비우지는 못했다. 그분의 낮아지심과 죽기까지 복종하심을 따라가기에는 너무나 멀었다.

그는 근본 하나님의 본체시나 하나님과 동등됨을 취할 것으로 여기지 아니하시고 오히려 자기를 비워 종의 형체를 가지사 사람들과 같이 되셨고 사람의 모양으로 나타나사 자기를 낮추시고 죽기까지 복종하셨으니 곧 십자가에 죽으심이라 빌 2:6-8

예수님은 자기 집을 고집하지 않으시고 인간이 사는 집으로 오셨다. 자기 집에서 주인 노릇하는 자리가 아니라 종의 신분으로 오셨다. 그렇게 자신을 낮추시며 그렇게 우리의 집으로 오셔서 사람들을 얻으셨다. 인간의 썩은 문화와 죄, 불법과 불의가 가득한 곳, 어둡고 캄캄해서 빛이라고는 찾아볼 수 없는 이곳으로.

주님은 이런 집으로 찾아오셔서 우리와 먹고 마시고 대화하셨다. 울기도 하시고 분노하시고 한탄하시며, 때로는 머리 둘 곳도 없이 그렇게 이 땅에서 사람들 틈에 사셨다. 그리고 모든 일을 마치시고 원래의 집으로 돌아가셨다. 이제는 남은 사람들, 예수님의 사람들이 열방에서 그분의 나라를 이어오며 확장해가고 있다.

우리 가운데로 불러 전하라

나는 영웅도 아니고 슈퍼맨도 아니다. 내전과 불안한 곳만 찾아다닐 용기는 내게 없다. 이 땅에 와보니 오랜 내전과 정치적, 경제적으로 불안한 환경을 가지고 있었다. 세상이 무섭다고 피하면 세상은 더욱 거칠어진다. 어둠 속에 빛이 들어가지 않으면 어둠은 절대 빛으로 밝아질 수 없다.

오래전부터 무슬림 사역을 하면서 많은 난관을 겪었다. 그들은 알다가도 모르겠다. 그들의 말을 배우고, 그들의 문화 속에 들어가지만, 여전히 너무 멀다. 말을 듣는 것 같지만 귀로만 반응한다. 시간이 지나고 상황이 바뀌면 얼마든지 다시 원래 모습으로 돌아가 버릴 수 있는 사람들이다.

그들과 살면서 수없이 고민하고 연구하고 공부했다. 그러면서 한 가지 터득한 것이 있다. 우리의 선교 전략이 어떻게든 바뀌어야 한다는 것이다. 이제까지는 그들 가운데 교회를 세우고 전도하고 심방하며 성경을 가르치는 게 기본이었다. 하지만 무슬림을 상대로 사역하는 지역, 즉 강경 이슬람 지역에서는 어림도 없는 방법이다. 이곳은 교회를 인정하지 않을 뿐 아니라 이슬람 외의 어떤 종교도 법적으로 허용하지 않는다.

대안으로 나온 전략이 NGO를 통한 사역이었다. 지난 몇 년간 NGO는 이들 사이에서 큰 호응을 받았다. 그러나 시간이 지나면서 대부분의 NGO가 기독교 단체에 의해 운영되고 있음을 알게 된 이슬람 정부에서는 현지에서 쓸 재정이 충분하지 못한 단체들의 허가를 취소하는 등의 태도를 보였다. 근래 이슬람 지역에서의 기독교 NGO 사역은 그다지 전략적이지 못하다. 내가 사역하고 있는 지역에서도 NGO 사역이 활발했지만, 테러 단체의 표적이 되자 정부의 방침에 따라 보따리를 싸서 떠나야만 했다.

나는 개인적으로 무슬림 사역에는 홈 앤 어웨이(HOME and AWAY) 전략이 필요하다고 생각한다. 선교지에서의 교회 사역, 베이스 사역, NGO 사역들은 모두가 홈 사역이다. 우리의 집을 만들어 놓고 그 집을 중심으로 현지인들을 훈련하거나 예배를 드리거나 공동체를 운영하는 것이다. 다시 말하면, 집을 만든 우리가 주인이고 그 집에 들어온 현지인들은 손님이다.

손님은 필요에 의해 우리의 홈에 들어온다. 그리고 주인이 무엇을 요구하는지 잘 안다. 그 요구를 잘 들어줌으로 자신에게 필요한 유익을 얻을 수 있다는 것도 잘 안다. 그래서 그들이 우리가 만든 교회나 베이스나 NGO에 올 때엔 우리가 필요로 하는 모습을 갖춘다. 우리가 원하는 친절함과 순종, 순진함의 얼굴로 관계한다. 우리가 보기엔 정말 신실한 현지인들이다. 복음을 전하고 말씀을 전할 때 잘 받아들인다. 세례를 받는 경우도 있다. 아니, 아주 많다.

나는 선교지에서 이런 일들을 보았다. 어떤 현지인은 외국 단체와 한국 단체를 오가면서 성경공부를 하고 교제를 나누고 그들에게 재정적인 도움을 받았다. 두 단체는 그가 이렇게 오랫동안 여러 단체에서 믿는 사람 행세를 하면서 사람들을 속이고 있다는 사실을 뒤늦게 알게 되었다. 그로 인해 단체 사이에 오해가 생기기도 했다.

어떤 곳에서는 현지인이 세례 받은 사진을 가지고 선교사들을 협박한다. 요구하는 돈을 주지 않으면 그 사진을 종교국에 제출하여 고발하겠다는 것이다. 마음으로 복음을 전하고 챙겨주고 돌봐주었건만 그들은 변하지 않는다. 자기의 필요가 없어지면 언제든 등을 돌리고 배신할 수 있는 사람들이다. 결국 선교사들이 눈물을 흘리며 현지에서 철수해야 하는 일이 벌어진다.

선교사들의 사역 결과는 얼마나 많은 현지인들에게 전도했는가, 세례를 주었는가 하는 것들이다. 그래서 누가 영접 기도를 하거나 세례를 받으면 바로 본국에 소식을 알린다. 현지에서는 얼마나 많은 현지인 신자들을 데리고 있는지가 자랑거리가 되기도 한다.

본국에서 볼 때 강경 이슬람 국가에서 누군가가 예수님을 영접하고 세례를 받았다는 보고는 지극히 자랑할 만한 성과다. 어떤 경우에는 그를 한국에 데려가 교회에 소개하고 간증을 시키기도 한다.

그렇게 공을 들이지만 진심으로 예수님을 만나지 못한 사람은 어느 순간 돌변해 자신을 돌봐주고 자랑하던 사람들에게 총부리를 겨누고 돈을 빼앗고는 그 땅에서 쫓아내기도 한다. 가슴을 치고 통곡할 일이지만, 이슬람 사역을 하는 곳에서는 비일비재하다.

그들 가운데로 들어가 전하라

그래서 나는 다른 전력을 생각해보았다. 바로 어웨이(AWAY) 전략이다. 내가 집을 짓고 그들을 부르는 것이 아니라, 그들의 집에 내가 들어가는 것이다. 내가 집을 지으면 내가 주인이지만 그들의 집에 들어가면 그들이 나의 주인이 된다.

그들의 집에 들어가야 정말 그들이 누구인지 알 수 있다. 그들이 좋아하는 음식, 쓰는 언어, 말투, 성격, 습관 그리고 그들의 깊은 세계관까지. 내가 만든 집으로 오는 현지인은 대부분 최대한 자신을 감추고 나에게 맞춰 다가오기에 그들의 실상을 알 수가 없다. 그러나 내가 그의 집으로 들어가면 모든 것을 알 수 있다. 다만 내가 그들의 권위 아래에 있어야 한다는 조건이 붙을 뿐이다.

그들의 사회, 그들의 조직, 그들의 세상, 그들의 언어는 그 집에 들어가기 위한 중요한 수단이다. 그들의 언어를 모르면 그 집에서 생활할 수 없다. 그들을 알려면 언어를 알아야 한다.

세상의 모든 언어는 그들의 문화와 관련되어 있다. 어떤 농담을 하는지, 어떤 고민들이 있는지, 언제 화를 잘 내는지, 친한 친구에게 하는 말은 무엇이고 지나가는 사람들에게 하는 말은 무엇인지, 윗사람과 아랫사람에게는 어떤 말을 사용하는지, 그 말은 사람들에게 어떤 의미로 전달되는지…. 이 모든 것들이 언어에 담긴다.

나는 그들의 언어를 배울 때 영어를 공부할 때보다 백배는 더 노력했다. 한 마디를 배우면 그걸 가지고 시장에 나가 두세 시간을 보냈다. 현지인들 속에서 같은 말을 계속 사용하면서 그 말이 내 입에 자연스럽게 붙을 때까지 반복하고 또 반복했다. 그렇게 해서 나는 내 집이 아닌 현지인의 집으로 들어갈 수 있었다. 예상대로 바깥에서는 볼 수 없었던 그들의 진짜 모습이 보이기 시작했다.

그곳에 들어가면 또 다른 세계가 열린다. 여기에는 불신의 영이 가득하다. 대화의 90퍼센트 이상이 불신의 대화다. 앞에서의 말과 뒤에서의 행동이 전혀 다른 다인격의 사회 같다. 진실과 거짓의 분간이 없는 대화는 거의 허공에 떠돌아다니는 듯하다. 사람을 신뢰하거나 약속을 이행하거나 진실을 말하는 일은 찾아보기가 어렵다.

그들조차도 그 대화가 진실인지 거짓인지, 불신의 말인지 믿을 만한 말인지 구분하지 못한다. 그것이 일상이고 대화이며 서로간의 관계다. 그들은 행정적 약속이든, 구두로 한 개인적 약속이든 그 약속을 내게 제대로 이행한 적이 없다. 그들에게 약속은 수많은 대화의 일종일 뿐이다. 사람에 대한 저주와 불신 그리고 상·하류 사회의 절대적 권위와 복종의 관계, 죽이지 않으면 죽어야 하는 관계, 살기 위해서는 엎드려야 하는 관계 속에서 살기 때문이다. 정의나 공의는 이 땅 어느 구석에도 존재하지 않는 것 같다.

이 사회에는 두 종류의 관계만 있다. 동지 아니면 적. 두 공동체는 항상 피 터지는 전쟁을 치른다. 그래서 한 조직 안에서 다시 두 개 내지는 세 개의 조직이 만들어진다. 그중에 하나를 선택해야 한다. 선택의 기준도 없다. 누가 더 정직한가, 누가 더 건강한가는 기준이 되지 못한다. 그렇다고 중간에 설 수도 없다. 어느 한 조직에는 들어가야 한다. 일단 조직에 속하면 상대 조직과 서로 물고 뜯고 죽고 죽인다. 그 사회 안에서 버텨야 한다.

늘 적이 내 주변에 있다고 생각해보라. 그들과 인간적으로는 아무런 불화도 없지만 그들 속에 들어간 이상, 나는 그들의 적이 되고 표적이 되었다. 내 신변은 늘 긴장 상태였다. 나는 정부에서 주는 비자와 그들이 제공하는 신변 안전을 받았다. 이전에는 경험해보지 못했던 세계다.

어웨이 미션은 어렵다. 그들을 속속들이 들여다봐야 하고, 상상하지 못했던 세계에서 살아가야 하는 일에는 많은 대가가 필요하기 때문이다. 그러나 그들 속에 들어가지 않으면 우리는 허공을 향해 화살을 쏘는 것 같은 일을 반복하게 된다. 많은 수고를 하지만 여전히 적의 심장부를 놓친다.

빛은 어둠 속에서 그 능력을 발한다. 어둠이 깊을수록 작은 빛이라도 주위를 밝게 할 수 있다. 주님은 우리를 그들의 집으로 보내시며 더 많은 사람들에게 빛을 비추길 원하신다. 그들의 종교, 문화, 언어, 습관, 전통, 생각. 이 모두를 그리스도의 빛으로 밝힐 수 있기를 원하신다.

진실은 때로 아프다

어느 날 하나님이 예레미야에게 토기장이의 옹기를 하나 구해서 힌놈의 아들의 골짜기로 가라 하신다. 예레미야는 그곳에 갈 때 제사장과 백성의 장로를 데리고 가서 그곳에서 옹기를 깨뜨리면서 유다와 예루살렘이 이렇게 될 것이라고 하신 하나님의 말씀을 선포했다.

예레미야의 예언을 들은 제사장 바스훌은 그를 옥에 가둔다. 다음날 예레미야를 풀어주는 바스훌을 향해 하나님은 그의 이름을 마골밋사빕으로 부르겠다고 예레미야를 통해 말씀하신다. 예레미야는 제사장 바스훌에게 "너와 네 집에 사는 모든 사람이 포로가 되고, 바벨론에서 죽게 되며, 너와 너의 거짓 예언을 들은 모든 친구가 똑같이 될 것"이라고 예언한다.

예레미야가 한 일은 하나님의 말씀대로 순종한 것뿐이다. 그는 하나님이 이르시는 대로 옹기를 샀고, 제사장과 장로들을 데리고 말씀하신 장소로 가서 예언하신 바를 선포했다. 그 예언의 내용은 하나님의 민족 유다의 파멸과 징계였다. 특히 하나님의 율법을 지키고 가르치며 가문의 영광으로 알고 살았던 제사장이 그 예언을 좋아할 리 없었다. 예레미야는 바로 옥에 갇혔고, 원하지 않는 고난을 당하게 되었다.

예레미야는 하나님께 자신의 상황을 호소한다. 예레미야는 이 땅을 향한 하나님의 마음 아픈 징계의 예언을 누구보다 잘 알고 있었다. 그러나 그의 사역에는 그의 주관이나 객관적인 생각이 하나도 들어가 있지 않았다.

예레미야는 이 일을 위해 하나님이 준비하신 사람이다. 그러나 그도 우리와 동일한 이성과 감정을 가진 사람이었다. 아프기도 하고, 기뻐하기도 하고, 때가 되면 밥도 먹어야 하고, 잠도 자야 한다. 다른 것은 아무것도 없었다. 다만 하나님이 그를 선지자로 부르셨다는 것 외에는.

예레미야는 유다 역사에서 가장 힘들고 어려운 시기에 태어나 사역한 사람이다. 백성은 하나님을 떠나고 하나님은 그들을 징계하셔야 했다. 바깥으로는 잔인한 바벨론이 호시탐탐 노리고 있었지만 그들은 여전히 장님처럼 당장 눈앞에 닥친 재난도 알아차리지 못했다. 유다와 예루살렘은 패망의 순간에 서 있었다.

어쩌면 유다 백성에게는 희망을 주는 말씀이 필요했을 수도 있다. 닥쳐올 바벨론의 재앙 앞에서 불안에 떨고 있을 그들에게 희망이 필요하지 않았을까? 성전에서 울리는 거짓 선지자들의 외침은 그들을 안심시켰을 것이다.

"우리에게는 아무 문제도 없을 것이다. 적이 쳐들어올 때 우리의 조상 다윗은 하나님의 능력으로 물리쳤다. 하나님은 우리를 위해 전쟁하실 것이다. 우리는 안전하다. 하나님의 민족은 절대로 가난해지지 않는다. 바벨론의 포로가 된다는 말은 거짓이다. 우리는 굴복당하지 않을 것이다. 하나님이 우리와 함께하신다. 두려워하지 말고 떨지 말고 불안해하지 말라. 오직 예레미야 한 사람만 징계를 말하고 있지 않은가? 하나님이 예레미야 한 사람에게만 말씀하시겠는가? 이 땅에 있는 수많은 선지자와 제사장에게도 말씀하신다. 그 많은 사람들이 우리에게 희망을 말하고 있지 않은가?"

그러나 하나님이 예레미야에게 하신 말씀은 명확하고 분명했다. 예루살렘과 유다는 하나님을 떠났고, 그 집은 더럽혀졌으며, 그들은 더 이상 돌아올 수 없을 만큼 멀리 떠나 있었고, 회개하고 돌이키려고 하지도 않았다.

예레미야는 백성에게 불편한 진실을 말해야 한다. 그 진실을 말할 때마다 선지자는 참을 수 없는 고통의 자리에 들어간다. 백성을 생각하면 다시는 하나님의 말씀을 선포하지도, 그 이름조차 말하고 싶지도 않았을 것이다. 고통이 너무 심했기 때문이다. 하루도 편할

날 없는 그의 사역은 죽음과도 같았다. 사람들에게 배척당하고, 옥에 갇히고, 비방과 조롱의 대상이 되고, 늘 듣기 불편하고 불안한 말씀을 전해야 했다.

전하지 않으면 끌 수 없는 불붙는 마음

예레미야는 고백한다.

> 내가 다시는 여호와를 선포하지 아니하며 그의 이름으로 말하지 아니하리라 하면 나의 마음이 불붙는 것 같아서 골수에 사무치니 답답하여 견딜 수 없나이다 렘 20:9

예레미야의 마음에는 또 다른 것이 숨 쉬고 있었다. 불붙는 마음. 그의 마음이 타고 있다. 그 마음이 골수까지 사무친다고 그는 고백한다.

그분의 말씀을 들으면 잠잠할 수 없다. 하나님의 말씀은 입으로 전하는 것이 아니라 가슴으로 전하는 것이기 때문이다. 하나님의 말씀에는 이런 힘이 있다. 예레미야는 하나님의 말씀을 전할 때 죽을 만큼 고통스럽지만, 하나님의 마음을 전하지 않으면 그보다 더 고통스럽다는 것을 알았다. 선지자 예레미야는 불붙는 마음으로 사역했다.

슬프다 이 성이여 전에는 사람들이 많더니 이제는 어찌 그리 적막하게 앉았는고 전에는 열국 중에 크던 자가 이제는 과부같이 되었고 전에는 열방 중에 공주였던 자가 이제는 강제 노동을 하는 자가 되었도다 밤에는 슬피 우니 눈물이 뺨에 흐름이여 사랑하던 자들 중에 그에게 위로하는 자가 없고 친구들도 다 배반하여 원수들이 되었도다 애 1:1,2

예레미야애가는 예레미야의 눈물과 아픔, 그리고 애통의 시다. 예레미야에게는 다른 선지자에게 없는 것이 있었다. 그것은 민족을 향한 아버지 하나님의 마음이었다. 하나님 아버지의 마음으로 민족과 함께 아파할 수 있는 선지자. 예레미야는 다른 선지자들과 달랐다. 그에게 민족을 향한 눈물이 있었던 것은 그의 마음이 약해서도, 정이 많아서도 아니다.

하나님의 민족, 유다와 예루살렘이 하나님께 범죄하고, 하나님의 기다리심에도 불구하고 돌아오지 않았다. 그들은 하나님의 선민이고 하나님의 이름을 위해서 창조된 민족이었다. 그럼에도 하나님을 떠남으로 죽어가고 있었다. 다가올 재앙, 곧 닥칠 포로 생활. 그 모든 것을 알게 된 선지자는 마음이 시커멓게 타들어가도록 통곡하며 스스로를 고통의 자리로 몰아넣는다. 재앙 가운데 무너질 백성을 향해 예레미야는 눈물을 흘린다. 죽어가는 민족을 향한 그의 애절한 마음이다.

그는 하나님을 떠나 살고 있는 자기의 민족을 위해 살았다. 그는 선포하고 예언하고 통곡하고 외치며 눈물로 호소한다. 그의 마음의 불은 꺼지지 않는다.

하나님이 예레미야를 선지자로 부르시고 그를 보내어 살게 한 곳은 범죄한 백성으로 가득한 곳이었다. 선지자는 하나님의 말씀을 듣고자 할 때 기도원이나 성전에 머물지 않았다. 하나님이 말씀하고자 하시는 그 민족, 그러나 하나님을 떠나 우상을 섬기고 성전을 더럽히며 공의와 정직을 잃어버린 패망한 백성 가운데 함께 살고 있었다.

하나님은 선지자에게 그들의 죄와 하나님을 떠난 행위와 우상을 섬기는 모든 가증한 일을 보게 하신다. 그들이 가고 있는 길이 바른 길이 아님을, 하나님이 원하시는 길이 아님을 그들과 함께 경험하게 하셨다.

한번은 예수님이 제자들에게 무엇을 보려고 광야에 나갔는지 질문하셨다.

> 너희가 무엇을 보려고 광야에 나갔더냐 바람에 흔들리는 갈대냐 그러면 너희가 무엇을 보려고 나갔더냐 부드러운 옷 입은 사람이냐 부드러운 옷을 입은 사람들은 왕궁에 있느니라 마 11:7,8

예수님은 세례 요한을 주님의 길 앞에서 그 길을 준비한 선지자로 인정하신다. 그리고 그가 살았던 곳이 화려한 왕궁이 아니라 광야였음을 다시 상기시키신다.

그가 머물렀던 곳은 바람에 흔들리는 갈대처럼 낭만에 젖어 있는 곳도 아니고, 부드럽고 화려한 옷을 입고 편하고 아름다운 자리에 앉아서 생활하는 왕궁도 아니었다. 바람 불고 가난한 서민들만 찾는 광야였다. 그런 곳에 예수님의 길을 예비한 세례 요한이 있었다.

예수님의 강조점은 그분의 삶에서도 고스란히 드러난다. 그분은 세상에서 사셨다. 세상과 분리되어 있지 않으셨다. 율법을 잘 따르는 유대인들 속에서 그들에게만 말씀을 가르치신 것이 아니다. 성전만 찾아다니며 강의하고 설교하지 않으셨다. 믿는 사람들 속에서, 믿는 사람들의 습관을 따라 그들의 공동체만 위해 살지 않으셨다.

예수님은 세상의 습관을 따르는 사람들, 가난하고 소외되고 사회에서 무시당하는 사람들, 가장 어둡고 힘들고 고통스럽게 사는 사람들을 찾아다니셨고, 사마리아를 포함한 이방인들을 찾으셨다. 그들의 집에 들어가 함께 잡수시고 나누셨다. 그분의 삶에는 장벽이나 울타리가 없었다. 그분은 복음이 필요한 세상 속에서 사셨다.

세상은 절대로 선지자를 환영하지 않는다. 예수님도, 세례 요한도, 예레미야도 세상에서는 대접을 받지 못했다. 비난과 조롱이 주어졌고, 옥에 갇히는 억울함도 있었으며, 핍박과 장애를 만났다. 그래도 세상을 떠나지 않았다. 그 세상을 향해 하나님이 하실 말씀이 있음을 알았기 때문이다. 세상에서 사람들과 온몸을 부딪히며 살면서도 마음은 하나님께로 향했다.

예수님은 세례 요한을 언급하시고 나서 이런 말씀을 하셨다.

이 세대를 무엇으로 비유할까 비유하건대 아이들이 장터에 앉아 제 동무를 불러 이르되 우리가 너희를 향하여 피리를 불어도 너희가 춤추지 않고 우리가 슬피 울어도 너희가 가슴을 치지 아니하였다 함과 같도다

마 11:16,17

피리를 부는 것은 즐거움과 기쁨의 표현이고, 슬피 우는 건 애통과 고통의 표현이다. 그러나 기쁨의 피리를 불어도, 슬퍼 애통해도, 같이 기뻐하지도 슬퍼하지도 않는 세대가 바로 이 세대이다. 무시하고 무관심하고 이기적이고 배타적이고 개인적인 세대, 자기중심적인 세대다. 마음이 단단해져서 아무런 반응도 하지 않는 세대, 자기만의 세계에 빠져 사는 세대다.

예수님은 회개하고 통곡하지 않는 이 세대를 향한 괴로움을 표현하신다. 세례 요한은 "나는 너희에게 물로 세례를 베풀었거니와 그는 너희에게 성령으로 세례를 베푸시리라"(막 1:8)라고 예언했다. 그 성령이 불같이 임할 때 사람들은 변하기 시작한다. 성령의 불 속에서 녹아내리려 정제된 거룩한 그릇이 되는 것이다.

성령은 불같이 타올라 가만히 앉아 있지 못하게 한다. 이 사람들은 어떤 환경에서도 식지 않는다. 세상은 차갑고 단단하고 거칠지만 이 사람들의 가슴은 하나님의 말씀과 이 땅을 향한 그분의 계획으로

늘 뜨겁게 달궈진다.

하나님의 말씀이 예레미야에게 들어와 그의 마음에 불을 붙인다. 잃어버린 영혼들과 그들을 향한 아버지의 마음이 선지자의 가슴을 흔든다. 그 불붙는 마음이 너무 커서 자신이 사람들에게 당하는 조롱과 비판과 억울한 고난은 아무것도 아닌 게 된다. 전하지 않으면 골수에 사무칠 만큼 선지자는 괴로웠다. 선지자는 하나님의 불붙는 마음을 이길 수 없었다.

세상에 외쳐져야 할 복음

언제부터인가 우리는 입으로 사는 것에 익숙해졌다. 많은 사역자들이 설교와 강의에 모든 것을 건다. 물론 설교도 중요하고, 강의도 중요하다. 마음만 먹으면 어디에서든 들을 수 있는 좋은 설교와 유명한 강의들이 넘친다. 매일같이 쏟아지는 설교의 파도 속에서 마음에 드는 말씀을 골라 먹는 재미를 느끼기도 한다.

전하는 사람들은 주어진 은사를 따라 끊임없이 말씀을 연구하고 공부해서 전한다고 하지만, 성도들에게 들려진 그 말씀이 마음에 남아 불을 일으키는 일은 얼마나 될까? 가슴에 불이 붙어 있지 않은 메신저의 말씀이 듣는 사람의 가슴을 불태울 수 있을까?

유창한 말솜씨와 박식한 성경 해석, 웃겼다가 울리는 설교들은 많다. 귀를 기쁘게 하는 수많은 말씀들이 지금도 들려지고, 듣고자 하는 이들도 많다. 그런데 말씀을 전하는 분들이나 듣는 분들이 세상과 거리가 너무 멀다. 믿는 사람들이 교회와 공동체 안에서 '우리끼리' 복음을 공유한다. 성전에서만, 그리스도의 공동체에서만 하나님의 말씀이 들려진다. 하나님의 말씀이 믿는 사람들에게만 선포되고, 정작 복음을 알아야 하는 세상 사람들에게는 막혀 있다.

예레미야에게 말씀하신 하나님은 그분의 말씀을 잘 믿는 사람들에게, 성전에서 전하라고 하지 않으셨다. 패역한 백성, 하나님을 떠난 민족, 죄와 우상의 노예가 된 사람들, 하나님과 가장 거리가 먼 사람들, 그 사람들에게 선포하라 하셨다. 그것이 예레미야뿐만 아니라, 이사야, 에스겔, 호세아와 같은 선지자들이 성전에만 머물지 않은 이유다. 그들은 세상으로 나갔다.

세례 요한도, 예수님의 열두 제자도, 바울도 성전에만 머물지 않았다. 세상으로 나가서, 세상에서 살면서, 세상 사람들과 부딪치면서, 세상의 조롱과 비방과 부당함과 억울함을 견디면서 주님의 복음을 전했다. 하나님의 말씀은 세상의 거리에서, 세상의 직장에서, 세상의 학교에서, 세상의 부당함과 거짓과 더러움 속에서 들려져야 한다.

이런 말을 들으면 뻔하고 교과서 같은 이야기라고 생각할지도 모르겠다. 항상 듣는 말이라고 생각할지도 모르겠다. 전도나 복음에 대해 말하면 '그저 나가서 전하라는 말이구나' 하고 흘릴 수 있을지도 모르겠다. 하지만 무작정 거리에 나가서 알지도 못하는 사람들에게 복음을 전하라는 말이 아니다. 지금은 그렇게 전도해서 복음이 들려질 시대가 아니기 때문이다. 그렇게 복음을 전할 수 있는 시기는 이미 지났다고 본다. 교회와 그리스도인들이 세상 사람들에게 거룩한 본이 되지 않으면, 그들은 우리의 말을 절대 듣지 않을 것이다.

그런 의미에서 나는 사역자들도 세상을 알아야 하다고 생각한다. 그렇다고 사임하고 세상에 나가서 일을 하라는 것은 아니지만, 하나님이 세상을 향해 말씀을 하실 텐데, 세상과 너무 멀면 주님의 말씀을 제대로 전할 수 없다는 것이다. 그리고 그렇게 되면 교회와 세상과의 거리는 점점 더 멀어질 것이기 때문이다.

진심은 가슴으로 전해진다

얼마 전 한국에서 많이들 보는 한 예능 프로그램을 본 적이 있다. 연예인들이 '극한 알바'라는 프로젝트를 가지고 가장 힘들고 어려운 알바를 직접 경험해보는 내용이었다. 화려한 조명과 인기 속에서 사는 연예인들이 평소에는 미처 상상해보지도 못했던 극한 일을 하는 체험. 고작 몇 시간이지만 그들은 가장 힘들고 어렵다는 알바를 찾아 전국을 다닌다.

천 미터가 넘는 깊은 탄광에 들어가서 일을 하기도 하고, 하루 종일 쉬지 않고 짐을 나르기도 하며, 쉬는 시간 없이 굴을 까기도 하고, 험한 바닷길에서 새우를 잡기도 하고, 밭에 나가 농사를 돕기도 한다. 우리가 평소 쉽게 접하지 못하는 고생스런 현장을 찾아가 단 몇 시간 경험을 하고는 그 경험담을 오랫동안 나눈다. 몇 시간 하고서 마치 몇 년을 보낸 것같이 말이다. 그러면서 단돈 몇천 원의 가치를 깨달았을지도 모르겠다. 그들이 경험한 몇 시간은 이 시대를 살아가는 작고 보이지 않는 사람들이 늘 경험하는 수고와 땀의 현장이다.

내가 경험했던 일들도 그들 못지 않을 것이다. 나는 중학교 때 신문 돌리는 일을 했다. 하루에 많게는 백여 집 넘게 신문을 돌리기도 했다. 돈을 더 벌려면 그 만큼 많은 집에 신문을 넣어야 한다. 오후 5시 정도에 시작하면 8,9시에 끝나기가 일쑤였다. 손이 빠르고 익숙해지면서 더 빠른 시간 내에 돌릴 수 있었지만 자전거가 없어서 무거운 신문을 들고 달리거나 걷거나 했다. 신문 대금을 받으러 가면 신문 대금을 안 주려고 문을 잠그고 있는 사람도 있었고, 어른이 안 계시니 다음에 오라는 사람도 있었고, 내일부터 신문을 안 보겠다고 으름장을 놓는 사람도 있었다. 그러면 더 이상 신문을 보지 않겠다는 분들을 사정하고 설득하기도 했다.

이제 갓 들어온 중학생이 무슨 힘이 있다고 신문 대금을 꼬박 꼬박 받아오고 주인들을 설득할 수 있겠는가? 하지만 수금을 못하거나 신문 사절을 받는 날이면 영업소에 돌아와 소장에게 한참 동안 욕을 먹었다.

그때의 수고와 고생을 지금도 기억한다. 거리에 지나가는 사람이 신문 한 장을 사주면 그게 그렇게 고맙고 감사했다. 너무 고마워 인사를 몇 번이나 하기도 했다. 어떤 사람에게는 신문이 그냥 종이에 불과할 테지만 어떤 사람에게 신문은 고생이고 인생이다.

나는 지금도 선교지에서 신문 돌리는 아이들을 보면 그때가 생각난다. 내가 그 신문을 사주면 얼마나 좋아할까? 그때를 생각하며 신문을 종류별로 사가지고 들어오기도 한다.

아프간에서는 건축회사의 일을 도와준 적도 있다. 그들이 이슬람 국가인 아프간에서 일을 하려면 지역의 특성과 언어를 잘 아는 사람이 필요했고, 나는 대사관의 요청을 받고 그들의 입과 손과 발이 되어주었다.

건축 공사장에서 일해본 분들은 알겠지만 이 일은 많은 땀과 수고와 노력을 필요로 한다. 거칠고 험한 일이다. 한국에서 온 인부들은 정해진 시간 안에 건축을 마무리해야 했기에 밤낮 없이 일을 진행했다. 공사장 곳곳에서는 크고 작은 다툼이 벌어지기도 했고, 사고도 많이 일어났다. 저녁이면 어디서 구했는지 술판이 벌어졌다.

작은 컨테이너를 개조해서 만든 방에 침대 두 개를 두고 두 사람이 생활하도록 했다. 하지만 두 사람이 살기에는 너무 비좁고 더러웠다. 하루 종일 일하고, 싸우고, 술을 먹은 그들의 입에서는 알아들을 수 없는 거친 말들과 쌍스러운 욕들이 거침없이 흘러나온다. 테러와 죽음의 공포가 밀려오는 이곳에 오직 돈을 위해 가족과 떨어져 사는 사람들이 모여서 그렇게 하루를 보낸다. 한정된 공간에서, 언제 날아올지 모르는 미사일의 공포와 답답하고 불안한 마음은 극한 작업을 해야 하는 이분들에게는 최악의 환경이다.

나는 태어나서 처음 건축 공사장에서 이분들과 함께 먹고 자면서 이분들의 땀과 노고와 고민과 불안한 인생을 보고 듣고 경험할 수 있었다.

열심히 땀 흘리며 목숨 걸고 돈을 벌지만, 여전히 공허한 마음과 허전한 심령을 느끼며 매일같이 술 한 잔에 위로를 받는 분이 많았다. 많이 벌어도 마음은 흡족하지 않았다. 돈이면 다 되는 세상에서 뒤처지지 않기 위해 수단과 방법을 가리지 않고 살아야 했고, 회사 안에서는 승진을 위한 경쟁과 비교와 타협과 편법, 과다 충성이 필요했다. 그들의 술 한 잔에는 위로가 있었고, 가족을 위한 처절한 몸부림도 있었다. 그 안에는 처절한 애환과 남 몰래 흘리는 눈물과 진지한 진실도 담겨 있었다.

그들과 같이 땀 흘리고, 함께 울고 웃으며, 나는 그 삶 속에 깊이 녹아들고 있었다. 밤이 되면 공허하고 불안한 마음에 술 한 잔 걸친 분들이 어김없이 내 방문을 두드렸다. 그러고는 막막한 마음을 쏟아놓았다.

"저는 이 바닥(해외 공사)에서만 20년을 보냈습니다. 진 세계 안 가본 곳이 없을 만큼 많은 나라를 다녔습니다. 그런데 그 위험한 나라에서 일하며 돈을 벌었지만 왜 지금 제 수중에는 아무것도 없지요? 돈도 없고, 가족도 없고, 미래도 없고, 삶의 희망도 없어요. 밤마다 술을 마시지 않으면 잠을 잘 수가 없어요. 내일이 두렵고, 이런 생활을 언제까지 해야 할지 막막하고 답답합니다."

한 시간이고 두 시간이고 진심이 섞인 주정을 하고 돌아간다. 그들의 이야기를 들으며 세상 속에서 치열한 삶을 사는 사람들의 아픔과 처절한 공허함을 함께 경험하고 느낀다.

우리가 교회와 사무실에서만 하나님의 말씀을 듣는 것이 아니라, 가장 소외된 곳, 깨지고 하나님을 떠나 있는 그 현장에서 하나님의 말씀을 듣는다면 선지자 예레미야의 불붙는 마음을 이해할 수 있게 될 것이다.

주님은 여전히 우리 속에 머물고 계신다. 성경은 우리를 거룩한 성령이 거하시는 성전이라고 했다(고전 3:16 참조). 성전은 건물을 말하는 것이 아니다. 우리가 곧 주의 성전이다. 우리가 움직이면 그곳이 교회가 된다.

교회를 지어 놓고 그들을 초청하는 시기는 지났다. 이제는 우리가 성소가 되어 그들 속으로 들어가야 한다. 그러면 그곳이 하나님의 말씀이 선포되고 예배가 드려지는 교회가 될 것이다. 복음이 없는 곳, 불법이 있는 곳, 세상 가운데 주님이 거하시는 거룩한 성소가 많아져야 한다.

이 세상을 바꿀 수 있는 이들은 하나님의 말씀으로 불붙는 마음을 가진 사람들이다. 이제 말이 아니라 가슴으로 복음을 전해야 할 때다. 우리는 세상에서 복음을 위해 더 많이 희생하고, 더 많이 손해 보고, 더 따뜻한 가슴으로 살아야 한다. 우리의 입이 아니라 삶과 마음이 곧 복음이 되어야 한다.

세상은 바뀔 수 있다. 조건은 우리가 먼저 바뀌어야 한다. 우리가 불붙는 마음으로 세상을 향해 하나님의 말씀을 외칠 때 세상은 바뀔 수 있다.

chapter 6

찾으라, 부르라

너희는 예루살렘 거리로 빨리 다니며 그 넓은 거리에서 찾아보고 알라 너희가 만일 정의를 행하며 진리를 구하는 자를 한 사람이라도 찾으면 내가 이 성읍을 용서하리라 그들이 여호와께서 살아 계심을 두고 맹세할지라도 실상은 거짓 맹세니라 여호와여 주의 눈이 진리를 찾지 아니하시나이까 주께서 그들을 치셨을지라도 그들이 아픈 줄을 알지 못하며 그들을 멸하셨을지라도 그들이 징계를 받지 아니하고 그들의 얼굴을 바위보다 굳게 하여 돌아오기를 싫어하므로

예레미야서 5장 1-3절

오래전 아브라함은 소돔과 고모라를 멸망하러 가는 천사를 만나 그 땅이 멸망하지 않게 하려고 노력했다. 그때 아브라함은 천사에게 그 땅에 의인이 있다면 멸하지 않을 것인지 물었다(창 18:22,23 참조). 이 말씀은 그때와 유사하다.

여호와 하나님은 진노하셨다. 그 진노가 쉽게 진정이 되지 않으셨다. 선지자 예레미야는 하나님의 마음을 알고 있었다. 그는 하나님의 진노를 가라앉혀 드리고 싶었다. 그러나 그것이 뜻대로 되지 않았다. 이미 하나님은 이스라엘 백성으로부터 마음에 깊은 상처를 받으셨다. 사랑했기에 그 상처는 더 깊었다.

"너희는 예루살렘 거리로 빨리 다니며 그 넓은 거리에서 찾아보고 알라"라고 하신다. 그 땅의 많은 사람들 중에 정의를 행하고 진리를 구하는 자를 한 사람이라도 찾으면 그 징계를 돌려 용서하시겠다는 말씀이다.

하지만 그중에 정의와 진리를 구하는 사람은 한 명도 없었다. 그 한 사람이 예루살렘에 없었다는 것은 모든 백성이 한결같이 하나님을 떠나 이방신의 세계와 그 문화와 정신을 따르면서 하나님의 법, 즉 공의와 진리를 버렸다는 것이다.

나는 이 말씀을 읽으면서 의문이 들었다.

'정말 그중에 한 사람도 하나님이 원하는 삶을 사는 사람들이 없었을까? 도대체 하나님이 원하시는 사람은 어떤 사람이기에 그 많은 유다 백성 중에 그 한 사람을 찾을 수 없었을까?'

은혜를 입은 자

아브라함은 소돔에 의인 열 명이 있어도 재앙을 내리겠는지 천사에게 질문한다. 천사의 대답은 "No"였다. 즉 소돔은 의인 열 명이 없어 멸망한 것이다. 소돔의 당시 인구를 정확히 집계할 수 없을지라도 결코 적지 않았을 것으로 추정된다. 그런데 백 명도 아니고 열 명이 없었다면, 결국 그 땅도 한 명의 의인을 찾기가 어려웠다는 말이 된다. 오직 아브라함의 조카 롯과 두 딸 외에는 소돔 사람들 모두가 멸망을 당했다.

이것은 노아 때도 마찬가지였다. 하나님은 노아의 때에 이르러 이 땅에 사람 지은 것을 한탄하셨다. 사람을 창조하신 것을 후회하실 만큼 사람들이 부패했던 것이다. 그때 하나님은 노아를 보셨다.

성경은 노아가 당대에 완전한 자, 의인이었다고 소개한다(창 6:9 참조). 노아는 하나님께 은혜를 입은 사람이었다. 다시 말하면 하나님의 은혜로만 사는 사람이었다. 은혜는 사람이 만들지도, 주지도 못한다. 이것은 받을 수 없는 사람에게 일방적으로 주시는 하나님의 선물이다. 세상이 주는 물질적 선물이나 명예가 아니다. 세상 사람들이 열망하는 존경받고 성공한 자리가 주어지는 것은 더더욱 아니다. 은혜는 하나님 안에만 존재하며, 그분과 깊이 만나 관계할 때 주어진다. 하나님을 간절히 찾는 사람, 다른 어떤 것을 의지하며 사는 것이 아니라 오직 하나님만 의지하는 삶의 태도를 가진 사람에게 이 은혜는 주어진다.

> 그때에 온 땅이 하나님 앞에 부패하여 포악함이 땅에 가득한지라
> 창 6:11

노아는 이 시대에 살았다. 온 땅이, 즉 온 민족이 한결같이 부패했고, 그 마음의 생각은 항상 악했다. 마음도 생각도 행동도 부패하고 악했던 사회에서 노아는 도대체 어떻게 하나님 앞에 은혜를 입게 되었을까?

믿음을 고민하라

성경은 "오직 의인은 믿음으로 말미암아 살리라"(롬 1:17)라고 했다. 그리고 또한 "의인은 없나니 하나도 없으며"(롬 3:10)라고 했다. 이 말씀을 바꿔 말하면 믿음으로 말미암지 않고는 의인이 있을 수 없다는 것이다.

세상에서 말하는 의인은 의로운 일을 하거나, 다른 사람들을 헌신적으로 돕거나, 남이 하지 못하는 일을 몰래 하는 등 도덕적으로 의

로운 일을 하는 사람을 말한다. 나라를 위한 희생, 대다수를 위한 헌신. 우리는 선조들에게서 세상의 기준이 말하는 의인의 모습과 그들의 사상을 배웠다.

그러나 세상에서 의인이라 불리는 이들이라 해도 사실 의인은 아니다. 인간은 모두 죄인으로 태어났기에 누구에게도 '의인'이라는 표현을 붙일 수는 없다. 하나님이 인정하시는 의인은 세상의 도덕적 기준으로 평가받은 의인이 아니라 하나님을 믿는 믿음으로 사는 사람들이다. 성경의 의인의 기준은 바로 이런 것이다.

> 아브라함이 바랄 수 없는 중에 바라고 믿었으니 이는 네 후손이 이같으리라 하신 말씀대로 많은 민족의 조상이 되게 하려 하심이라 그가 백 세나 되어 자기 몸이 죽은 것 같고 사라의 태가 죽은 것 같음을 알고도 믿음이 약하여지지 아니하고 믿음이 없어 하나님의 약속을 의심하지 않고 믿음으로 견고하여져서 하나님께 영광을 돌리며 약속하신 그것을 또한 능히 이루실 줄을 확신하였으니 그러므로 그것이 그에게 의로 여겨졌느니라 롬 4:18-22

'그렇다면 믿음으로 사는 것은 무엇을 말하는 것인가?'

부끄럽지만 선교지에 나와 있는 오늘도 나는 이런 고민을 한다. 무엇이 믿음으로 사는 것일까? 예수를 믿고 헌신한 지도 20년이 지났나. 순간순간 믿음으로 산다고 말하지만, 또한 순간순간 무너지는 나 자신을 발견한다. 그런 모습을 접할 때마다 나는 매일같이 고민한다.

내 연약함과 부족함과 약점들이 하나둘씩 드러날 때마다 나는 내 자신과 갈등하고, 가야 할 길이 막히며 숨을 쉴 수 없을 것 같은 상황이 몰려올 때면 미칠 것 같은 시간을 보내기도 한다.

'믿음이 없이는 하나님을 기쁘시게 못 한다고 했는데 나는 오늘 하나님을 기쁘시게 했는가? 내 자신의 기쁨과 만족을 위해 반응하지는 않았는가? 나는 지금 하나님이 원하시는 장소에서, 하나님이 원하시는 사람을 만나고, 그들을 위해 헌신하고 있는가? 아니면 하나님과 아무 상관없이 내가 원하는 삶을 스스로 결정하고 살면서 마치 믿음으로 사는 것처럼 가장하고 있는가?'

이런 생각이 밀려올 때마다 나는 성경을 열어 히브리서 11장을 읽는다. 1절부터 40절까지의 말씀은 모두 믿음으로 사는 것이 무엇인지 우리에게 말해주고 있다.

우리는 믿음이 우리가 원하는 것과 기대하는 것이 이루어질 것을 아는 것이라고 착각한다. 믿음으로 좋은 학교에 가고, 믿음으로 병이 낫고, 믿음으로 직장을 얻고, 믿음으로 좋은 배우자를 만나고, 믿음으로 성공하고, 승진하며, 믿음으로 돈을 벌고, 믿음으로 집을 산다.

'이 정도 믿음이면 하나님을 기쁘시게 할 수 있고, 이 정도면 믿음으로 말미암아 산다는 의인이 되었겠지.'

내 삶에 뭔가 좋은 일이 생기면 마치 내 믿음이 좋아서 주어진 것이라고 생각한다.

그런데 히브리서 11장 어디를 읽어봐도 이런 믿음은 없다. 인류의 시작에서부터 아브라함과 사라, 이삭과 야곱, 요셉, 그리고 모세와 여호수아, 기생 라합까지. 히브리서 기자는 "내가 무슨 말을 더 하리요 기드온, 바락, 삼손, 입다, 다윗 및 사무엘과 선지자들의 일을 말하려면 내게 시간이 부족하리로다"(히 11:32)라고 했다.

33-38절에는 믿음으로 산 사람들의 증거가 나와 있다. 그들은 믿음으로 나라들을 이기기도 하고, 의를 행하기도 하고, 약속을 받기도 하고, 사자들의 입을 막기도 하며, 불의 세력을 멸하기도 하고, 칼날을 피하기도 하며, 연약한 가운데서 강하게 되기도 하며, 이방 사람들의 진을 물리치는 삶을 살았다. 이것은 믿음으로 행한 결과다.

그런데 35절에서는 "또 어떤 이들은 더 좋은 부활을 얻고자 하여 심한 고문을 받되 구차히 풀려나기를 원하지 아니하였으며"라고 했다. 참을 수 없는 고문을 받았지만 단순히 고문을 피하기 위해 풀려나는 것은 원하지 않았다는 것이다. 그들이 고통스러운 고문을 참을 수 있었던 것은 부활을 기다렸기 때문이다.

본향을 향한 믿음

부활은 우리가 가야 할 본향을 의미한다. 이 땅에서의 삶이 아닌 영원한 땅에서의 삶에 대한 믿음.

또 어떤 이들은 조롱과 채찍질뿐 아니라 결박과 옥에 갇히는 시련도 받았으며 돌로 치는 것과 톱으로 켜는 것과 시험과 칼로 죽임을 당하고 양과 염소의 가죽을 입고 유리하여 궁핍과 환난과 학대를 받았으니 (이런 사람은 세상이 감당하지 못하느니라) 그들이 광야와 산과 동굴과 토굴에 유리하였느니라 히 11:36-38

정말 성경의 의인들은 이렇게 살았다. 단 한 사람도 이런 삶을 피해 살지 않았다. 이 사람들에게서 발견되는 한 가지 공통점이 있다. 이 땅에서의 행복을 추구하지 않았다는 것이다. 히브리서 11장에 나오는 사람들은 이 땅을 지나가는 나그네처럼 살았다. 아무 욕심도 탐심도 없이, 오직 하늘의 본향을 생각하고 소망하며 살았다. 그래서 결박을 당하고, 조롱과 채찍질과 옥에 갇히는 시련도 받을 수 있었던 것이다. 돌로 치는 것도, 톱으로 켜는 것도, 시험과 칼에 죽임을 당하는 것도 두려워하지 않았다.

이 사람들은 다 믿음을 따라 죽었으며 약속을 받지 못하였으되 그것들을 멀리서 보고 환영하며 또 땅에서는 외국인과 나그네임을 증언하였으니 그들이 이같이 말하는 것은 자기들이 본향 찾는 자임을 나타냄이라 그들이 나온 바 본향을 생각하였더라면 돌아갈 기회가 있었으려

니와 그들이 이제는 더 나은 본향을 사모하니 곧 하늘에 있는 것이라 이러므로 하나님이 그들의 하나님이라 일컬음 받으심을 부끄러워하지 아니하시고 그들을 위하여 한 성을 예비하셨느니라 히 11:13-16

여기에 성경이 말하는 믿음의 비밀이 있다. 이 구절에서 '믿음을 따라 죽은' 사람들은 아브라함과 그의 후손들을 말한다. 그들은 이 땅에 사는 동안 하나님의 언약을 받았음에도 불구하고 그 언약이 성취되는 것을 보지 못하고 죽었다. 하지만 하나님의 언약을 따라 믿음으로 살면서 더 나은 본향을 사모했다.

아브라함은 갈대아 우르에서 태어났지만 그곳을 고향으로 여기지 않았다. 하나님이 가라고 말씀하신 가나안도 고향으로 여기지 않았다. 그 땅이 비옥하고 풍요롭다고 해서 그곳을 자신의 고향으로 생각하며 터를 닦고 장막을 넓히지 않았다. 이 세상이 지나가는 곳임을 알았기 때문이다.

하나님께 나아가는 자는 반드시 그가 계신 것과 또한 그가 자기를 찾는 자들에게 상 주시는 이심을 믿어야 할지니라 히 11:6

정말 하나님이 계신다고 믿는 사람은 이 땅에 소망을 둘 수 없다. 정말 하나님이 계심을 믿는다면 이 땅에서 호의호식하려 하지 않을 것이고, 이 땅의 곳간에 재물을 쌓으려고 고군분투하지 않을 것이다. 나 자신의 기대와 만족을 위해서 살지 않을 것이다. 정말 하나님이 계심을 믿는다면 그분이 상 주시는 분임을 믿게 될 것이다. 그 상은 이 땅에서 받는 것이 아니다. 그 상은 우리가 언젠가 가게 될 더 나은 본향에 준비되어 있다.

보라 내가 속히 오리니 내가 줄 상이 내게 있어 각 사람에게 그가 행한 대로 갚아주리라 계 22:12

몇 년 전, 선교지에 있던 나는 한 통의 전화를 받았다. 내가 외국에 사는 한국인에게 주는 장관상을 받게 되었다는 것이다. 전화를 한 사람은 내가 크게 기뻐할 줄 알았는지 그저 알았다는 듯한 나의 말투에 살짝 당황한 것 같았다.

"아니, 행사에 참석을 하셔야 되는데요."

그의 말에 나는 죄송하다고 얘기하고 사정이 있어 참석이 어려우니, 상장은 한국의 집으로 보내주시면 된다고 말씀드렸다.

이런 상을 받으면 집에 걸어놓고 가문의 영광으로 생각할 수도 있겠다. 하지만 장관상을 받으면 무엇하고 노벨상을 받으면 무엇하겠는가? 그것은 어느 날 이 땅에 묻히고 마는 종이에 불과하다. 하늘나라에서는 아무 소용이 없다.

나는 이 땅에서 주는 상을 받으려고 선교지에 나와 있는 것이 아니다. 사람들에게 인정받고 대접 받기 위해서는 더더욱 아니다. 이 땅에서 받는 상이 내게 무슨 자랑이 되겠는가? 정말 내가 받고 싶은 상은 언젠가 가게 될 그 본향에서 하나님이 주시는 상이다. 그 상이 나를 뛰게 하고 춤추게 할 것이다.

난 아직도 스스로에게 믿음으로 사는 삶을 도전한다. 하지만 아주 작은 나의 믿음이 나를 초라하게 할 때도 있다. 작은 일에 흥분하고 작은 손해도 불편해하면서 나의 이익이 얼마나 되는지 따지는 때도 있다. 그럴 때에도 내가 가야 할 본향을 향한 믿음을 놓치지 않으려 한다. 그 본향에 대한 믿음이 있기에 나는 이 땅에서 하나님이 생명을 주시는 날까지 복음을 부끄러워하지 않고 열방을 섬길 것이다.

누군가의 심장을 뛰게 하는 믿음

지금은 많은 사람들이 잊었겠지만, 나는 오래전부터 최춘선 할아버지의 영상과 책을 보았다. 내게 깊은 인상을 남긴 몇 장면 중 하나는 할아버지 방 한 모퉁이에 적혀 있던 찬송가 가사였다.

"온 세상 날 버려도 주 예수 안 버려."

늘 불러서 입에 익숙한 찬송가 가사였지만, 영상을 보는 순간 그 가사가 내 마음을 쳤다. 내 가슴을 때린 또 하나의 고백은 "사명은 각자 각자"라는 것이었다. 할아버지에게 주신 주님의 사명을 누가 막을 수 있냐는 뜻이다.

통일이 올 때까지 신발을 신지 않고 다니며 전도를 하시는 게 할아버지의 사명이라고 하셨다. 그 분은 이상한 차림으로 걸인처럼 다니며 지하철에서 전도를 하셨다. 엄동설한에도 신발을 신지 않고 맨발로 다니셨다. 그 행색이 정상인은 아니다. 알아들을 수 없는 말투와 이상한 전도지. 사람들은 할아버지를 향해 미쳤다며 손가락질했다. 하지만 미쳤다는 소리를 들어도, 손가락질을 당해도, 그것이 할아버지의 사명이었다.

누구도 그 분이 오래전 동경에서 유학을 한 지식인이고 목사라는 사실을 알 리가 없다. 그 분의 행적이 세상에 알려지면서 많은 사람들이 충격과 도전과 은혜의 눈물로 할아버지를 대했다. 이미 할아버지가 돌아가시고 난 뒤에 알려진 할아버지의 비밀. 할아버지는 버젓이 성공한 자녀들, 좋은 집, 든든한 학벌, 고마운 아내, 이 모든 것을 뒤로 하고 사명의 길을 가셨다.

할아버지는 집이 아닌 사명을 감당하는 자리, 곧 지하철 한구석에서 주께로 가셨다. 이 땅에서 사는 마지막 날도 그 사명을 다하시기 위해 맨발로 거리에 나오시고 지하철을 타신 것이다. 지하철 한구석에 쭈그리고 앉아 있는 할아버지의 발을 만져보고 싶었다. 세상에서 볼 수 없는 발이다.

"엄동설한에도 동상이 없어요. 추운 줄 몰라요."

할아버지의 한 마디 한 마디는 가슴을 때리고 마음에 박힌다. 왜 춥지 않겠는가. 그 발은 여러 번 동상과 상처와 고난을 겪은 발 같았다. 오직 하나, 하나님이 주신 사명의 길을 가기 위해 할아버지는 자기의 추움도, 발의 고통도, 사람들의 손가락질도 마다하지 않았다.

마치 예수님이 부활하시고 그 못 자국 난 손을 제자들에게 보여주신 것 같은 느낌이다. 내가 만난 진짜 하나님의 사람이다.

'이 땅에 살면서 그런 사람을 만나볼 수 있을까?'

나의 의문에 하나님이 할아버지를 소개해주신 것 같았다. 지금도 나는 이분의 영상과 책을 본다. 볼 때마다 나는 여전히 이분으로 말미암아 심장이 뛴다. 세상의 수많은 사람들이 설교를 하고, 강의를 하고, 하나님을 말하지만 내가 아는 범위 내에선 누구도 이분의 살아 있는 증거를 따라가지 못하는 것 같다.

말할 수는 있지만 그대로 살지는 못 하는 게 우리다. 삶으로 살아내지 못하는 말씀은 어떤 유창한 언어로 구사해도 떠도는 메아리가 될 것이다. 하지만 말하지 않아도 삶으로 말하는 이들이 있다. 그들의 삶은 그들이 이 땅을 떠난 후에도 누군가의 심장을 뛰게 한다.

의인의 믿음은 이런 것이다. 이 땅에서는 하나님을 온 맘으로 예배하고 하나님의 나라가 이 땅에 임하도록 나를 드리며 살지만, 이 땅이 나의 집이 아니고, 나의 고향도 아니며, 나의 창고도 아닌 삶을 살아가는 것이다. 그렇게 살면 이 땅의 기름진 삶은 눈에 들어오지 않는다. 좋은 대학에 보내기 위해 아이들의 가방을 무겁게 하지 않는다. 성공을 위해 몸을 비려 가며 밤낮으로 뛰지도 않는다. 이 땅은 지나가는 곳이다. 우리가 정말 바라보는 땅은 하늘의 본향이어야 한다. 최춘선 할아버지는 그렇게 사셨다. 이 땅이 아닌 주님이 계신 그 본향을 위해.

이러므로 하나님이 그들의 하나님이라 일컬음 받으심을 부끄러워하지 아니하시고 그들을 위하여 한 성을 예비하셨느니라 히 11:16

하나님을 이 땅에서 자기 성공의 도구로 사용하는 사람들이 유다 백성 안에 수두룩했다.

"그들이 여호와께서 살아 계심을 두고 맹세할지라도 실상은 거짓 맹세니라"(렘 5:2).

그들이 하나님 앞에 무슨 맹세를 했는지 자세히는 알 수 없지만, 이것이 그들에게는 종교적 관습에서 나오는 일상적인 태도가 아니었는가 짐작해본다. 사회적으로 종교의 힘을 빌려 사업을 하고, 교육을 하고, 무엇이든 성취하려는 사람들의 태도는 하나님이 보시기에 실상은 거짓 맹세, 즉 거짓 헌신이라는 것이다.

하나님께 헌신한다며 율법적 행위를 하고 무엇인가 서원하고 맹세하지만 그것은 절대적으로 자신을 위한 것이다. 나를 위해 맹세하고, 나를 위해 서원하고, 나를 위해 헌신한다. 하나님을 자기 성취의 도구로 여기는 믿음은 믿음이 아니다. 그것은 자기 맹세다. 주님을 위한 헌신과 맹세 그리고 서원, 이 땅에 마음을 두고 사는 삶이 아님을 믿음은 말하고 있다.

예루살렘 거리에 공의와 진리를 구하는 사람이 한 명도 없었다는 것은 하나님이 찾으시는 노아나 욥 같은 의인이 없었다는 의미다. 유다 땅에는 그 한 사람이 없었다. 그러나 나는 최춘선 할아버지와 같은 분들이 분명 이 땅 어디엔가 있을 것이라고 믿는다. 오직 하나님의 은혜에 감사해서 주신 사명을 잊지 않고 믿음으로 하루하루를 살아가는 사람들, 그 몸에 작은 예수의 흔적을 가지고 사는 사람들 말이다.

믿음 흔들리고 사람들 주를 떠나도
나는 주를 섬기리
주님의 나라는 영원히 쇠하지 않네
나는 주를 신뢰해
오직 믿음으로 믿음으로 내가 살리라
오직 믿음으로 믿음으로 내가 살리라
오직 의인은 믿음으로 말미암아 살리라

_ 고형원, 오직 믿음으로

이 찬양의 가사가 떠오르게 하는 사람들이 그립다. 내가 이 땅에 사는 동안 또 다른 최춘선 할아버지를 만날 수 있을까? 나는 최춘선 할아버지처럼 누군가의 심장을 뛰게 하는 사람이 될 수 있을까?

우리의 히브리서 11장 41절에는 어떤 내용이 담기길 바라는가? 믿음으로 어떤 삶을 선택하고, 고백하고, 행동할 것인지 생각해보라. 그 선택으로 오늘은 41절, 내일은 42절, 모레는 43절…. 그렇게 우리는 히브리서 11장을 계속 써 내려가야 한다.

의인은 믿음으로 말미암아 산다.

chapter 7

아버지의 소리

내가 말하기를 내가 어떻게 하든지 너를 자녀들 중에 두며 허다한 나라들 중에 아름다운 기업인 이 귀한 땅을 네게 주리라 하였고 내가 다시 말하기를 너희가 나를 나의 아버지라 하고 나를 떠나지 말 것이니라 하였노라

예레미야서 3장 19절

아프간의 한낮은 불어대는 먼지와 요란한 소음으로 가득하다. 가만히 있어도 머리가 아프다. 하루는 수도에서 오랜 시간 차를 타고 한 지방으로 갔다.

차창 밖은 여전히 광활하고 푸른 나무 하나 찾아볼 수 없는 민둥산뿐이다. 눈이 즐거운 곳은 찾아보기 힘든 땅이다. 창문을 열면 바깥에서 불어오는 먼지바람으로 가득해지고 창문을 닫으면 찜통이 된다. 차라리 먼지바람이 낫다는 생각에 창문을 열어 불어오는 먼지를 온몸으로 받는다.

휴게실에 내렸을 때 화장실에 갔지만 '사용 불가' 표시가 붙어 있다. 사람들이 하나둘씩 건물 뒤로 사라진다. 아무 데서나 볼 일을 보고는 꼬르륵거리는 배를 움켜잡고 허름한 휴게실로 들어가 양 꼬치 일 인분을 시켜 빵과 먹었다. 시장기를 달랜 나는 다시 버스에 몸을 실었다.

얼마를 달렸을까, 배에서 전쟁이 났다. 또 배탈이 난 모양이다. 잘 익지도 않은 양 꼬치에 말라버린 야채를 먹은 게 탈이 난 거다. 아픈 배를 움켜쥐고 목적지까지 가는데 온갖 생각이 머리에 맴돈다.

그곳에는 아메바가 일으키는 세균성 질병이 있다. 현지인들보다 외국인들이 많이 걸리고, 복통과 설사에 고열이 동반된다. 하필 그날 휴게실에서 먹은 음식이 내 배 속에 아메바를 넣어준 모양이다.

버스에서 시작된 복통은 끝날 줄 몰랐다. 나는 참고 참다가 버스 기사에게 도저히 더 갈 수 없으니 잠깐 세워달라고 부탁했다. 그리고 버스에서 내려 숲 속으로 들어갔다. 급한 대로 용변을 보았지만 복통은 가라앉지 않았다.

버스에 다시 올라탔지만 곧 시작된 고열로 죽을 것만 같았다. 차를 세워 응급조치를 해줄 사람도, 약국도 없다. 당연히 병원도, 구급차도 없다. 사막과 같은 광야를 달리는 버스는 강도나 탈레반의 위험 때문에 더 이상 차를 세울 수도 없다. 버스가 고장 나지 않은 한 쉬지 않고 목적지까지 달려야 한다.

아무 생각도 나지 않았다. 차라리 숨을 쉬지 않는 게 낫겠다는 생각이 들었다. 참을 수 없는 아픔이 머리끝에서 발끝까지 전달되어 너무 고통스러웠지만 나는 아무것도 할 수 없었다. 소리를 지를 수도, 살려달라고 애원할 수도 없다. 입에선 마른 침이 흐르고 눈의 동공은 풀린 지 오래다. 복통과 고열은 쉬지 않고 내 온몸을 파고든다. 그냥 참아야 한다. 그게 내가 할 수 있는 모든 것이다. 눈물이 앞을 가리고 고통의 한계에 다다랐다.

"주님…."

내가 유일하게 할 수 있는 한 마디였다. 눈물이 났다. 아파서 흘리는 눈물이 아니라 서러움과 외로움의 눈물이었다. 내게 정말 누군가가 필요할 때 늘 나는 혼자였다. 아파도 기뻐도 슬퍼도 늘 혼자였다. 혼자서도 잘할 수 있다고 믿고 살았지만 정작 혼자 남게 되자 혼자가 그렇게 힘들 줄 몰랐다.

몇 시간이 흘렀을까. 버스는 목적지에 도착했고, 나는 거의 초주검이 되어 그날 이후 며칠 동안 일어나지 못하고 누워 있어야 했다. 다시는 겪고 싶지 않은 시간들이었다. 며칠을 누워 지내니 몸이 조금씩 호전되었다. 몸이 나아지면 오랫동안 만나지 못했던 내 가족과 같은 이들을 만나러 가야겠다고 생각했다.

척박한 땅의 사람들

그 곳에는 후세인이라는 어르신이 살고 있다. 그에게는 아내와 두 명의 딸이 있었는데, 큰딸은 어릴 때 풍토병으로 죽어 작은딸 하나만 키우며 살고 있었다.

아프간에서는 대가족이 함께 산다. 이들도 원래는 대가족이었고 다른 친척들도 있었지만 모두가 전쟁 때 죽거나 실종되고, 겨우 노부부와 딸만 남아 함께 사는 것이다. 그 어르신은 마땅히 할 일이 없어서 동네 포도밭에서 남의 일을 도와주며 일당을 받고 사는 아주 순박하고 가난한 사람이었다.

그렇게 친하지 않았지만 나는 가끔 그 지방을 방문하게 되면 언제나 그와 차 한 잔을 하면서 서로 안부를 물었다. 그는 힘들고 어렵게 살면서도 얼굴을 찌푸리는 법이 없었다. 언제나 손님을 극진히 대접했고, 없는 살림에도 다과를 준비해 사람을 섬길 줄 아는 선비 같은 분이었다.

나는 오랫동안 그 지방을 찾지 못했기에, 간 김에 그 분도 만나고 오고 싶었다. 그런데 뜻밖의 비보를 전해 들었다.

아프간은 일부다처제를 이루며 산다. 네 명의 부인을 둘 수 있고, 결혼을 할 때는 남자 쪽에서 여자 쪽 집안에 지참금을 주는 게 관례로 되어 있다. 그래서 돈 많은 사람들은 십대 후반의, 딸보다도 어린 신부를 데리고 오기도 한다.

후세인 부부가 점점 쇠약해져서 일을 할 수 없는 날이 많아지자, 이웃들이 딸을 시집보내라고 조언했다고 한다. 그러나 아직 십대 후반인 딸을 시집보낸다는 것은 두 부부에게 생각할 수 없는 일이었다. 그 어린 나이에 셋째나 넷째 부인으로 시집을 가면 어떻게 살아가게 될지 너무나 잘 알고 있었기 때문이다.

그러던 어느 날, 어른의 부인이 연로한 탓에 몸에 병이 들었는데 가난한 집안 형편상 병원 치료도 제대로 받을 수 없는 상황이 되었다. 이 사실을 알게 된 이웃들이 또다시 딸의 시집 얘기를 꺼냈고, 마침 그 마을의 유지 중 한 사람이 사람을 보내어 딸을 시집보내라고 제안했다.

그 어르신은 아내의 치료를 위해 어쩔 수 없이 지참금을 받고 하나밖에 없는 딸을 마을 유지의 넷째 부인으로 시집보냈다. 그 지참금으로 병원에서 치료를 받는 아내도 마음이 편할 리가 없었다. 시집간 딸을 걱정하며 근심으로 하루를 보내는 두 내외는 눈물로 밤을 지새우곤 했다.

그렇게 몇 달이 지난 어느 날, 시집간 딸이 집으로 찾아왔다. 같은 마을에 살지만 시집간 딸은 출가외인이라 부모가 찾아갈 수도, 딸이 찾아올 수도 없는 게 이 나라 문화다. 딸이 온 게 너무 반가워서 집으로 들인 후 부르카(아프간 여인들은 머리에서부터 발끝까지 덮는 부르카를 쓴다)를 벗겼더니 얼굴과 목에 시퍼런 멍 자욱이 있었다. 그들이 너무 놀라 무슨 일이 있었는지 물었지만 딸은 아무 대답도 못하고 눈물만 흘렸다.

얼마 지나 마을 유지가 보낸 첫째 부인의 아들들이 딸을 찾으러 집으로 왔다. 그 청년들은 딸아이보다 나이가 더 많았다. 딸은 눈물을 흘리며 건장한 청년들에 손에 이끌려 다시 마을 유지의 집으로 갔다. 그날 이후로 부부는 딸에 대한 걱정과 불안함에 잠을 더욱 못 이루며 지냈다.

딸아이는 몇 주 후에 다시 집으로 찾아왔고, 부부가 딸을 품에 안고 한없이 울고 있을 때 마을 유지가 보낸 아들들이 찾아와 딸이 부르카를 벗기도 전에 끌고갔다.

그렇게 몇 주 후 딸은 세 번째로 집에 왔다. 사실 딸은 시집간 집에서 종처럼 일하며 첫째, 둘째 부인과 그의 아들들에게 구타를 당하다 도망 나온 거였다. 세 번째 집으로 왔을 때, 어머니가 딸의 부르카를 벗기려 했지만 딸은 한사코 벗지 않았다. 자신의 얼굴과 몸을 보여주고 싶지 않아서였다. 부부가 딸을 안고 울고 있는데 또다시 건장한 청년들이 딸을 찾으러 왔다.

부부는 그들의 발을 붙잡고 일주일만 딸과 함께 있게 해달라고 사정을 했다. 일주일 후에 자신이 데려다주겠다고 했다. 그러나 청년들은 완강하게 거부하며 딸을 데리고 그들의 집으로 갔다.

그 이후에 어른은 마을 유지의 집으로 찾아갔다. 어른은 마을 유지의 집에서 그에게 무릎을 꿇고 딸을 일주일만 데려다 먹이고 치료해서 돌려보내겠다고 사정을 했다. 그렇게만 해주면 다시는 딸을 보지 않겠다고 했지만, 마을 유지는 단호히 거절하고 어른을 내쫓았다.

바깥으로 쫓겨난 어른은 집으로 돌아가지 않고 마을 유지의 집 앞에 멍석을 깔고 그 자리에 앉았다. 딸을 보내줄 때까지 떠나지 않겠다는 거였다. 지나가던 마을 사람들이 집에 모셔다 드려도 기어이 다시 그 자리에 나와 앉았다. 물도 마시지 않고 음식도 입에 대지 않았다.

이웃들은 '하루 이틀 저러다 말겠지'라고 생각했지만 어른의 마음은 변하지 않았다. 연로한 어른은 며칠 동안 아무것도 먹지 않고 딸을 기다리고 기다리다 그 자리에서 죽고 말았다. 집 안에 있는 딸과 집 밖에서 기다리던 아버지가 문 하나를 사이에 두고 영원히 만날 수 없는 길을 가고 말았다.

한 아버지의 기다림

그의 죽음을 통해 딸을 향한 아버지의 숭고한 사랑이 사람들에게 알려졌다. 그러자 사람들이 아버지의 소원을 들어주어야 한다고 외치기 시작했고, 결국 아버지가 죽고 난 뒤에야 마을 유지는 딸을 집으로 보냈다.

딸이 시집을 간 집은 크고 웅장하다. 먹을 것을 걱정하거나 아플 때 병원에 못 갈 것을 걱정하지 않아도 된다. 풍족해 보이고 많은 사람들이 부러워하는 명예를 가지고 있었지만 그 집에는 한 가지가 없었다. 바로 아버지다.

딸은 지금 아버지 품에 있어야 했다. 웅장한 집에 살지만 아버지를 떠난 삶은 쓰레기장보다 더 불편하고 냄새가 나고 고통스럽다. 아버지를 떠난 모든 사람의 삶이 그렇다. 더 좋아 보이고 더 멋있어 보이고 더 훌륭해 보이는 곳으로 떠나가지만 그 삶이 썩어가는 줄은 모르고 있다. 그것을 아는 분이 아버지다.

어르신이 죽고 나서 이 마을에는 사람들이 직접 만든 포스터가 벽마다 붙었다. 그림의 왼쪽에는 문이 있고 나이 드신 어른 한 명이 그 문으로 들어와 서 있다. 그림 오른쪽에는 딸같이 보이는 어린 여자아이와 그 아이를 감싸 안은 아버지의 그림이 있다. 그리고 그 중간에 크게 빨간색으로 엑스(X)를 그려놓았다. 누가 봐도 이 포스터의 내용은 '이제는 딸을 사고팔지 말자'라는 거였다.

한 아버지의 기다림. 아버지는 얼굴을 보지 않아도 딸의 아픔을 온몸으로 겪는다. 화려해 보이는 그 집에서 딸이 어떻게 살고 있는지 알게 된 아버지는 죽음과 같은 하루하루를 보낸다. 밤마다 눈물은 베개를 적시고, 일은 하나도 손에 잡히지 않는다. 아버지를 떠나 고통 속에 살고 있을 딸을 생각하면 온몸이 떨린다. 아버지의 마음이다.

자녀가 돌아오기를 손꼽아 기다리는 아버지의 마음, 돌아와야만 살 수 있는 것을 아는 아버지의 마음은 누구도 흉내 낼 수 없다. 그 아버지가 육신으로 이 땅에 오셔서 우리의 생명을 그분의 죽음으로 바꾸셨다. 그것이 우리가 아버지에게로 돌아올 수 있는 오직 한 길이기 때문이다. 그분의 죽음이 우리를 문 밖으로 나오게 하며, 다시는 그 문으로 들어가지 못하게 한다.

어르신의 딸은 어쩔 수 없이 그 집에 시집을 가서 아버지를 떠나야 했지만 대부분의 사람들은 스스로 아버지를 떠난다. 우리는 하나님을 떠나 사는 것에 익숙해졌다. 세상의 방법이 우리를 주관하고 있고, 그 방법을 배우라는 세상의 가르침에 이미 너무 많이 빠져 있다.

이 땅에서 만난 아버지의 마음

만약에 내 아이가 죽을병에 걸렸는데 아이를 살릴 수 있는 유일한 방법이 누군가 대신해서 이 아이를 위해 죽는 것이라면, 누가 이 아이를 위해서 대신 죽을 수 있을까? 신문에 광고를 내면 그런 사람을 찾을 수 있을까?

내 아이를 살리기 위해 누군가 죽어야 한다면, 아마도 내 아이를 가장 사랑하는 사람만 자원할 것이다. 돈으로도, 명예로도, 무엇으로도 안 되고, 오직 사랑으로 대신 죽을 수 있는 것이다.

이것이 사랑의 힘이다. 이것이 아버지의 사랑이다. 잃어버린 자녀들을 향한 아버지의 사랑, 자녀를 살리기 위해 기꺼이 목숨을 버릴 수 있는 아버지의 사랑.

아버지와 자녀, 그것이 하나님과 그의 백성 이스라엘과의 관계다. 자녀는 아버지를 잊을 수 있지만 아버지는 자녀를 잊을 수 없다. 그 자녀를 위해 할 수 있는 모든 것을 하는 분이 '아버지'이시다.

예레미야서에는 사랑하는 자녀가 돌아오게 하기 위해 어쩔 수 없이 매를 들어야 하는 아버지의 마음이 담겨 있다.

"내가 어떻게 하든 너를 자녀들 중에 두며 … 내가 다시 말하기를 너희가 나를 나의 아버지라 하고 나를 떠나지 말 것이라 하였노라."

어느 날 아들의 방에서 쪽지 하나를 발견한 아버지는 넋을 잃는다. 집이 답답하고 싫어져서 자기의 인생을 찾아 더 새롭고 넓은 곳으로 간다는 쪽지다. 아들은 이제 새 인생을 살고 싶으니 자신을 찾지 말아달라고 적힌 쪽지를 남겨 두고 집을 떠났다. 아버지는 걱정이 되어 아들을 찾아 나서지만 어디에서도 아들을 찾을 수가 없었다.

오랜 시간 여기저기 수소문 끝에 찾은 아들은 아버지를 몰라본다. 아버지는 아들을 부둥켜안고 울지만, 정작 아들은 그 품을 떠나 또 다시 어디론가 달려간다. 아버지는 아들을 열심히 따라가지만 아들은 곧 멀리 사라지고 만다.

"돌아오라"고 소리치고 통곡하며 지나가는 사람에게 아이를 잡아 달라고 애원하지만 누구도 거들떠보지 않는다. 아버지는 그냥 앉아서 하늘만 볼 뿐이다. 유다를 향한 하나님 아버지의 마음이다. 그 아비의 마음을 누가 알 수 있으랴!

예수님이 오시기 전, 아주 오래전부터 하나님은 사랑하는 백성에게 돌아오라고 하셨다. 그 길은 너희가 갈 길이 아니라고. 그러나 백성은 자기 갈 길을 간다. 듣지 않기 때문이다. 들을 수 있는 귀가 없기 때문이다. 잃어버린 영혼을 향한 하나님 아버지의 마음은 지금도 온 땅에 흘러가고 있다.

아직도 다 낫지 않은 복통과 고열의 잔재를 몸에 안고, 딸을 살리고 죽어 그곳에 묻힌 아버지를 생각한다.

'나는 그럴 수 있을까?'

내 딸을 살리기 위해서라면 내 목숨이라도 줄 수 있을 것 같다. 그런데 이 땅의 수많은 잃어버린 영혼들을 위해서 내 목숨이 필요하다면 내어줄 수 있을까? 숙연해진다. 나를 돌아보게 된다.

만일 내게 나를 위해 죽으신 아버지가 없다고 여기면, 그 순간 나는 평범한 인간이 된다. 외로움도 고독도 슬픔도 그저 내 온몸으로 받게 된다.

내가 혼자라면 이곳에 올 이유가 없다. 내가 혼자라면 이 서러움과 고통을 받을 이유가 없다. 내가 혼자라면 나는 아버지를 모르고 있는 것이다. 아버지는 나를 혼자 두지 않으신다. 그리고 지금은 그분의 자녀들을 위한 아버지의 소리를 들어야 한다.

너희가 나를 나의 아버지라 하고 나를 떠나지 말 것이니라 렘 3:19

chapter 8

은혜로 산을 넘으리

여호와여 내가 주와 변론할 때에는 주께서 의로우시니이다 그러나 내가 주께 질문하옵나니 악한 자의 길이 형통하며 반역한 자가 다 평안함은 무슨 까닭이니이까 주께서 그들을 심으시므로 그들이 뿌리가 박히고 장성하여 열매를 맺었거늘 그들의 입은 주께 가까우나 그들의 마음은 머니이다 여호와여 주께서 나를 아시고 나를 보시며 내 마음이 주를 향하여 어떠함을 감찰하시오니 양을 잡으려고 끌어냄과 같이 그들을 끌어내시되 죽일 날을 위하여 그들을 구별하옵소서 언제까지 이 땅이 슬퍼하며 온 지방의 채소가 마르리이까 짐승과 새들도 멸절하게 되었사오니 이는 이 땅 주민이 악하여 스스로 말하기를 그가 우리의 나중 일을 보지 못하리라 함이니이다 만일 네가 보행자와 함께 달려도 피곤하면 어찌 능히 말과 경주하겠느냐 네가 평안한 땅에서는 무사하려니와 요단 강 물이 넘칠 때에는 어찌하겠느냐

예레미야서 12장 1-5절

지금 내가 얼마나 하나님의 뜻대로 살고 있는지, 하나님이 원하시는 대로 살아가고 있는지 정확히 알 수 있다면 시간을 낭비하거나 버리는 일은 없을 거라는 생각을 할 때가 많다. 늘 가로막히는 선교의 장벽들과 넘어야 할 산과 원하지 않은 고난이 밀려올 때면 더욱 내 삶을 돌아보게 된다. 믿음으로 순종의 길을 걷고 그 길이 내가 가야 할 길이라 생각하며 이 험난한 산을 넘어가지만 정작 내게 돌아오는 것은 빈 메아리 같은 허무한 소리뿐이고 고난과 아픔과 실패의 연속이다.

그럴 때마다 스스로에게 질문하는 것은 '내가 지금 길을 제대로 가고 있는가, 하나님이 원하시는 믿음의 삶을 제대로 살고 있는가' 하는 것이다. 선교지에 있으면 이런 질문이 떠나지 않는다.

선지자 예레미야도 하나님께 이런 마음을 토로한다. 선지자는 이스라엘 역사에서 가장 힘들고 어려운 시기에 하나님의 부르심을 받고 사역했던 사람들이다. 시대적인 상황은 최악이었고, 예레미야 역시 유다를 향한 최악의 예언을 들으며, 그들을 향한 하나님의 징계를 선포해야 했다. 그의 삶은 더욱 곤란과 어려움을 겪을 수밖에 없었다.

그러면서도 예레미야는 하나님의 성품, 즉 하나님의 의로우심을 고백한다. 그렇다. 하나님은 공의로운 분이시다. 예레미야는 범죄한 유다 백성을 향한 하나님의 징계와 분노를 아는 선지자였다. 그

분노와 징계 안에는 하나님의 공의가 살아 있었다. 죄를 용납할 수 없으신 의로우신 하나님의 공의.

악한 자의 형통, 반역한 자의 평안

그런데 하나님의 그 공의가 의심스러울 때가 있다. 바로 악한 자의 형통과 반역한 자의 평안을 볼 때다. 예레미야는 그들이 땅에 깊이 뿌리를 내리고 열매를 맺는 것을 이해할 수 없었다. 하나님의 의로우심으로 본다면 악한 자들과 반역한 자들은 형통하거나 평안하면 안 된다. 그들을 향한 하나님의 공의는 단호하고 명확해야 한다. 그들의 죄를 간과하거나 뜻을 돌이키시면 안 된다.

예레미야는 주께 순전한 사람이었다. 그는 "주께서 나를 아시고 보시고 내 마음을 감찰하신다"라고 고백한다. 선지자는 오로지 하나님의 부르심에 모든 것을 드리는 사람이다. 그는 이스라엘 역사에서 가장 어렵고 힘들 때 부르심을 받았다. "어디로 보내든 무슨 말을 하든지 순종하라"는 말씀에 1퍼센트도 거역하거나 불순종하지 않고 그의 온전한 삶을 다 드려서 하나님을 섬긴 사람이다. 주께서 가라고 하시면 가고, 멈추라고 하시면 멈추고, 말하라면 하시면 말하고, 침묵하라고 하시면 침묵했다. 그곳이 어디든, 그 상대가 누구이든 오직 하나님의 말씀에만 움직인 사람이다.

그의 마음에는 하나님의 백성을 향한 침통한 눈물이 있었다. 그의 눈물은 마르지 않았고, 그의 입은 애통했으며, 그 민족을 위해 하나님 앞에 무릎을 꿇고 자신의 몸을 아끼지 않은 사람이다.

그는 마음을 감찰하시는 하나님 앞에 순전하게 드려진 거룩한 사람이었다. 언제나 당당하고 온전한 삶을 사는 것을 잊지 않았고, 자기의 이익을 위해 정치적인 모습을 취한 일도 없었다. 재물을 탐하지 않았고, 자기의 영광을 위해 일하지도 않았다.

결혼을 통해서 얻을 수 있는 가족도 포기했다. 사랑하는 아내를 몰랐고, 자녀들의 재롱을 보지 못했다. 그저 주께 온전히 헌신하는 것이 그의 모든 것이었다.

그런데 지금 그의 마음이 고통스럽다. 악한 자의 형통과 반역한 자의 평안함을 보았고, 하나님을 거역하고 패역한 그들로부터 오히려 부당한 고난을 당하고 있기 때문이었다.

당시 선지자의 예언을 싫어하는 사람들 중에는 하나님의 제사장들과 다른 선지자들도 많았다. 그들은 거짓 선지자, 거짓 제사장들로 자기의 배만 채우는 거짓 사역자들이었으며, 입은 주께 가깝지만 마음은 먼 사람들이었다. 그들은 왕과 고관 백성이 듣기 좋아하는 예언을 했다. 하나님의 말씀이 아닌 자기의 말로 예언했기에, 예레미야의 예언과 그의 증언을 반박하고 도리어 그를 옥에 가두고 죽이려는 음모도 서슴지 않았다.

예레미야서 11장에는 아나돗 사람들이 나오는데 선지자의 예언을 싫어한 그들에 의해 예레미야는 자신이 마치 도살장에 끌려가는 어린 양과 같이 되었다고 고백한다. 선지자는 이런 고통을 주께 아뢴다.

시편 73편에도 같은 말씀이 나온다.

> 하나님이 참으로 이스라엘 중 마음이 정결한 자에게 선을 행하시나 나는 거의 넘어질 뻔하였고 나의 걸음이 미끄러질 뻔하였으니 이는 내가 악인의 형통함을 보고 오만한 자를 질투하였음이로다 시 73:1-3

이 시편은 하나님을 따르는 모든 사람들에게 아름다운 고백이다. 그 선하심이 있기에 공의를 행하고 정의를 위해 주님의 편에 서는 것이다.

그는 예레미야와 같이 먼저 하나님의 완전하신 성품, 하나님이 의롭고 선하신 분이심을 고백한다. 마음이 청결한 자에게 선을 베푸신다는 것은 마음에 거짓이 없고 속임이 없는 사람들에게 그 복을 주신다는 고백이다.

그렇다. 하나님은 선하시다. 선하신 성품을 가지신 하나님은 마음이 정결하고 깨끗한 자에게 아름다운 선을 베푸시고 그들의 삶을 귀하게 여기신다.

그런데 시편 기자는 그 하나님에게 의문이 생겼다. 악인의 형통과 그들의 강건함과 소득의 부유와 고난이 없음을 보고 하나님의 선하심에 실망하게 된 것이다. 그 실망은 그의 삶에 큰 시험으로 다가왔다. 하나님이 선하시고 의로우시다면 악인은 멸망하고 실패하고 고난과 악의 대가를 톡톡히 받아야 하는데, 이 땅에서 악인이 더 강건하고 부유하고 형통하고 문제없이 살아가는 상황을 어떻게 이해해야 하는가?

그는 거의 넘어질 뻔했고 미끄러질 뻔했다는 고백과 함께 그 충격이 얼마나 큰지 말한다. 그는 자신의 깨끗한 손이 헛되다고 말한다. 악인들과 같이 살지 않고 하나님의 말씀을 따라 손으로 죄를 범하지 않았건만 도리어 자신에게 돌아오는 수많은 아픔과 고난은 이겨내기 힘든 상황이라는 것이다(시 73:13,14 참조).

현실에서 마주치는 질문

우리 삶에서도 자주 만나게 되는 상황이다. 이 땅에는 공평하신 하나님의 기준에는 맞지 않는 것 같은 수많은 일들이 있다. 하나님께 헌신하고 그분의 제자로 살았고, 많은 권리를 포기하고 하나님의 부르심에 순종했지만 내게 돌아오는 결과는 애매한 고난과 옥에 갇힘과 매 맞음과 애통이다. 부당한 손해와 실패의 연속이다.

하나님의 부르심에 순전하게 순종하는 자신의 처지는 더욱 악화되고, 도리어 악한 자들과 가증한 일을 도모하는 사람들은 형통해지는 결과는 참지 못할 만큼 괴롭고 힘든 일이다. 하나님을 모르는 사람들, 거짓과 불법을 행하며 살아가는 사람들이 더욱 성공하고 윤택하다. 하는 일마다 열매가 있다. 그들은 더욱 악을 행하고 불법을 행하지만 내가 선을 행하며 손을 깨끗하게 하며 사는 것보다 더 큰 수확을 얻는다. 그들에게는 징계도 없고 실패도 없다.

주를 위해 순전하게 모든 것을 드리며 살고 있는 사람들은 아마도 예레미야와 같은 이런 상황을 경험한 적이 많을 것이다. 상대적 빈곤을 경험하게 되기도 하며 불법과 속임이 승리하는 모든 상황 속에서 시험에 들기도 한다. 하나님을 향한 정결한 삶, 순전한 헌신, 거룩한 순종, 부르심의 길. 그렇게 살면서 겪게 되는 수많은 손해와 가난 그리고 아픔과 배고픔, 애매한 고난과 부당한 대우와 어이없는 오해, 순전하게 순종하며 살지만 도리어 받게 되는 수많은 스트레스와 열매 없는 결과, 상황은 하나도 바뀌지 않고 길의 끝은 보이지 않는 막막한 삶이다.

지난 수년 간 나는 부패와 거짓으로 자기의 배만 채우는 사람들과 동고동락해야 하는 상황 속에 있었다. 가난하고 힘없는 사람들을 이용해서 부와 재물을 챙기고 자기의 곳간을 채우며 권력을 휘두르려는 사람들 속에서 힘없이 쓰러지는 그들 편에 서 있기란 쉽지 않다. 그들에게 힘이 되고 싶었지만 내 힘은 적었고, 정의를 위한 소리도 울리는 메아리처럼 되돌아올 뿐이었다.

악한 자의 형통, 이것을 보는 것이 얼마나 힘든 일인지 나는 뼈저리게 경험한다. 심장에서부터 울부짖는 통곡이 흘러나온다. 공의롭고 선하신 하나님의 심판이 간절히 기다려진다.

저들에게 벼락이라도 떨어지고, 악한 병이라도 돌아서 자기의 악을 깨달으면 좋으련만, 견고한 성처럼 저들은 더욱 견고해진다. 그들의 오만은 더 거세지고, 그들의 소유는 더 많아지며, 권력의 힘은 더욱 세어진다. 많은 사람들이 그들 앞에 수그리고, 두 손을 모으며 충성을 맹세하고, 그들의 상에서 떨어지는 부스러기라도 기다리고 있다.

이들 속에서 하루의 일을 마치고 방에 돌아오면 아무것도 하지 못한다. 눈을 감고 아무것도 생각하지 않으려 한다. 그러나 내 눈에는 어느새 눈물이 흐르고 있다. 몸도 마음도 생각도 지친다.

'하나님, 어디 계십니까? 당신의 공의는 어디서 일하고 있습니까?'

하나님의 시선으로 보다

어느 날 새벽, 여전히 무거운 머리로 일어나 주 앞에 앉아 말씀을 본다.

> 너는 그들에게 말하라 주 여호와의 말씀이니라 나의 삶을 두고 맹세하노니 나는 악인이 죽는 것을 기뻐하지 아니하고 악인이 그의 길에서 돌이켜 떠나 사는 것을 기뻐하노라 겔 33:11

이 땅에 존재하는 악을 행하는 모든 사람들에 대한 아버지의 마음이다. 그들은 여전히 잃어버린 그분의 자녀들이다. 악을 행하는 이들도, 선을 행하는 이들도 한 아버지에게서 나온 자녀들이다. 악을 악으로 갚으실 수 있지만 우리의 아버지는 악을 악으로 갚고 싶어하지 않으신다. 그들이 돌이켜 그들의 길에서 떠나 사는 것을 기다리신다.

자녀의 잘못을 혼내는 것은 쉽지만 그들을 기다려주는 것은 어렵다. 매를 들면 내 맘이 편할 것 같지만 매를 드는 아비의 마음은 한없이 무겁다. 돌아올 것을 기다리는 한없는 기다림, 그 기다림을 하나님은 선택하셨다. 한 영혼도 악을 행하며 죽기를 바라지 않으시는 하나님의 인내가 내 마음에 들어온다. 세상의 모든 악한 것들에 대한 하나님의 인내와 그들을 향한 영원하신 사랑.

내게는 아직도 영혼에 대한 아버지의 마음이 없는 걸 알게 된다. 시편 기자는 악한 자들의 종말을 주의 성소 안에서 보게 되었다고 고백한다(시 73:17). 악한 자의 종말은 비참한 파멸이었다. 이 땅에 사는 날 동안 하나님은 인내와 기다림 속에서 그들이 악에서 돌이키기를 기다리시지만, 그 이후 그들이 서게 될 하나님의 존전에서는 하나님의 공의가 기다리고 있을 뿐이다. 악한 자들의 파멸과 그들의 죄에 대한 종말은 비참한 결과를 맞이하게 될 것이다.

하나님은 이 땅에서만의 하나님이 아니시다. 우리가 언젠가 가게 될 하늘나라에서의 하나님이시기도 하다. 시편 기자는 이 끝의 종말을 하나님의 성소 안에서 보게 되었다고 한다. 하나님의 임재가 있고 그분의 영광이 있는 성소에서 하나님의 공의가 나타나게 되었다. 인생의 끝이 어디이고 어떻게 되는지 보여주신 것이다.

그때가 되면 아무도 변명할 수 없다. 그리고 악한 자들에게 오래 참으신 그 놀라운 기다리심을 알게 될 것이다. 이 땅에서는 악한 자들과 하나님의 선한 자들이 공존하며 살 수밖에 없다. 악한 자들의 형통은 계속될 것이고, 선한 자들의 고난도 계속될 것이다.

하나님은 예레미야에게 "보행자와 함께 달려도 피곤하면 어찌 능히 말과 경주하겠느냐"라고 말씀하신다. 그는 지치고 피곤했다. 그의 삶에 어떤 희망도 동기도 없었다. 눈에 보이는 답답한 현실과 들으려 하지 않고 변하지 않는 사람들에게 무한정 하나님의 예언을 해야 했다. 그의 마음은 눈물로 가득했지만 누구 하나 그 눈물에 마음을 주는 사람이 없었다.

지쳐서 쓰러지려 할 때, 도리어 악을 행하는 가증한 사람들의 성공과 형통을 보게 되었다. 그러나 그렇게 죽을 것 같은 상황에서도 그 달려감이 보행자와 걷는 걸음이라고 하신다. 앞으로 지금과 비교도 할 수 없는 시간, 말과 함께 달려야 하는 시간이 올 것이라고 말씀하시는 것이다.

지금 나를 피곤하게 하는 것은 무엇인가? 내 몸이 지치고 영혼이 낙담함은 무엇으로 인한 것인가? 순전하게 예수님을 따르지만 거듭되는 실패와 병든 몸, 그리고 보이지 않은 미래가 그 원인은 아닌가?

내가 그렇다. 전혀 무너질 것 같지 않은 단단한 벽 앞에서 수십 년 동안 살아왔다. 선교지의 영혼들은 내 맘 같지 않다. 내 진심을 무참히 짓밟아버리는 수많은 사건을 눈앞에서 목격한다. 밤잠을 못 이루고 온종일 피곤한 육체로 여전히 내가 만나야 할 영혼들에게 달려가지만 나는 수많은 상처만 안고 다시 집으로 돌아온다. 하나님의 구원 계획은 우리의 생각으로는 감히 접근할 수 없다. 우리 눈으로 보는 세상이 전부가 아니기 때문이다. 하나님이 영혼을 보시는 그 눈으로 볼 수 있는 시간이 빨리 오기만 기다린다.

주님과 함께 달리는 사람들

한국에서 한 자매를 만났다. 이름도 나이도 몰랐지만, 내 인생과 신앙에 또 다른 부드러움을 안겨준 그 자매와의 만남을 생각하면 아직도 마음이 쿵쾅거린다. 지인에게서 그 자매가 나를 만나고 싶어 한다는 얘기를 듣고 약속을 잡았다.

이미 중년의 나이에 접어든 그녀는 이십대 후반까지 무신론자였다고 했다. 그러나 주님을 만난 후 선교에 마음을 쏟으며 무슬림을 품는 귀한 사명자가 되었다. 그런데 이십대 중반, 몸의 이상을 감지하고 병원을 찾았고, 근육이 점점 힘을 잃어가는 병이 오고 있음을 알았다. 급기야 몸 전체의 근육이 맘대로 움직여지지 않게 되었고, 이후 여러 사고로 인해 지금은 누군가의 도움이 없이는 활동할 수 없는 상태에 이르렀다. 어떤 치료도 자매에게는 소용이 없었다.

나는 자매의 상태가 정확히 어떤지 잘 모른 채 자매를 만나러 갔다. 누군가의 등에 업혀 나온 자매를 차에 태우고 휠체어를 뒷자리에 실었다. 그녀의 얼굴은 불치병을 앓고 있는 환자의 얼굴이 아니었다. 손 하나 자기 마음대로 움직일 수 없는 자신의 처지를 생각한다면 얼굴에 그늘이 가득해야 할 텐데, 천사의 얼굴이 따로 없었다. 갑자기 숨이 멎는 듯한 강한 힘이 내게 밀려왔다. 반갑게 인사를 건넸는데, 자매는 나를 만나자마자 자신에게 있는 선교의 열정을 쏟아낸다.

오래전 예수님을 만나고 무슬림 국가를 마음에 품고 그 땅을 밟고 싶어 단체에서 훈련도 받았다. 그러나 자신의 몸을 자기 마음대로 할 수 없음을 보고 선교지로 나갈 수 없다는 것을 깨달았고, 기도로 선교하는 사람으로 부르셨음을 알았다. 지금은 많은 기도 정보를 가지고 단칸방에서 홀로 기도의 끈을 놓지 않고 산다고 말했다.

온 열방의 영혼과 이 땅의 교회 그리고 다음 세대를 향한 간절한 눈물을 잊지 않고 사는 자매다. 목소리에 힘이 있고 얼굴에는 소망으로 가득하다. 선교사를 만나고 싶었다고 한다. 현장의 소리를 듣고 싶었고, 열방에서 일어나는 수많은 일들을 듣고 싶었다고 한다.

그 자매에게는 내가 만난 그 어떤 사명자보다 더 강한 선교의 열정이 있었다. 이런 선교의 열정이 어디서 생겼을까? 자매가 궁금해졌다. 오랜 시간 자리에 앉아 우리는 서로의 이야기를 하기 시작했다. 나는 많은 말을 할 수 없었다. 내가 살고 있는 선교지와 내 사역은 이 자매의 상황에 비교한다면 감히 명함도 내밀 수 없었다. 식사를 할 때도 자기 손으로 음식 하나 들기도 어려운 상황이다. 물 한 잔도 마음대로 마실 수 없다. 모든 것이 자기 뜻대로 되지 않고 몸은 더욱 힘들어진다.

그러나 자매는 온몸으로 주님을 느끼고 경험하고 있었다. 한 번도 가보지 못하고 만나보지도 못한 사역자들의 이름을 열거하며 그들을 위해서 중보한다고 한다. 선교지의 아픔이 곧 자신의 아픔이라 여기고 있었다. 아직도 복음이 들어가야 할 수많은 땅에서 하나님이 여전히 승리하시는 그 순간을 기다리고 소망한다고 했다.

자매의 얼굴은 내가 지금까지 보지 못한 무언가로 가득했다. 얼마나 주님이 좋은지, 그 얼굴이 모든 걸 말해주었다. 열방을 향한 주님의 마음이 자매를 덮고 있었다. 주께서 자매를 쓰신 수많은 간증들 속에서 자매의 불편한 몸은 아무것도 아니었다. 도리어 그것이 자신의 은혜라고 고백하며 여전히 주님과 함께 거하는 기쁨을 시종일관 고백하고 있었다.

이야기를 마치고 자매를 안아 의자에서 휠체어로 옮기는 순간, 자매의 육체와 마음이 얼마나 고단하고 힘들었는지, 얼마나 고통스러운 시간을 보내야 했을지, 자매의 처절함이 온몸으로 전해졌다.

자매의 가족들은 아직도 "하나님이 정말 계시면 네 몸이 이렇게 되지 말았어야지"라면서 하나님을 원망하고 불평한다고 했다. 가슴이 먹먹했다. 자매의 삶의 고백과 주를 향한 사랑, 그리고 열방을 향한 뜨거운 마음에 내가 부끄러웠다.

오래전, 목포의 한 사무실에서 100년 전 이 땅에 왔던 루비 켄드릭의 '천 개의 심장'을 만나고서 나는 다시 선교지로 발을 옮겼다. 그때 그녀를 통해 열방의 소리, 잃어버린 영혼의 소리를 다시 들었던 것처럼 이 자매를 통해 주님과 함께, 말과 경주하는 것이 무엇인지 알게 되었다.

비록 몸은 점점 힘을 잃어가고, 불치병으로 하루하루가 고통스럽고, 남은 근육도 언제 힘을 잃게 될지 모르는 막막함과 불안함이 몰려온다 할지라도 그녀는 말과 함께 달리고 있음을 알 것 같았다. 건강하고 평범한 사람들에게 없는 그 무언가가 자매를 달리게 하는 것이다. 자기를 향하신 주님의 아름다운 사랑에 자기를 드려 열방을 품고 사는 사람이다.

우리는 보행자와 걷고 있지만 늘 피곤해한다. 지치고 힘들다고 불평을 하기도 한다. 악인의 형통함에 그런 마음은 더욱 커진다. 더 이상 일어날 힘이 없어 보인다. 그러나 여기, 정말 말과 함께 달리는 사람이 있다. 자신의 모든 한계를 넘어 오직 주님의 은혜로 산을 넘어가는 사람이다. 자신의 환경을 뛰어넘어 그리스도의 향기를 내는 사람이다. 그녀는 건강한 사람들을 부끄럽게 하며 건강하다고 말과 달리는 것이 아님을 알려준다. 몸에 근육은 말라가지만 말과 함께 달리는 사람, 아름답다. 몸은 움직이지 못하지만 자매의 영은 주님과 함께 모든 열방의 산을 넘고 있다.

자신의 처지에 한숨 쉬며 세상과 하나님을 향해 원망으로 가득할 법도 하지만 자매는 최전방에서 영혼을 위해 뛰겠다고 헌신한 나에게 "나는 여전히 보행자와 걷고 있음"을 알려주었다. 내가 주님이 달리게 하시는 그 길을 꾸준히 달려간다면, 나에게도 언젠가 그 자매와 같은 아름다운 주님의 미소와 사랑이 넘치리라.

주님이 들으시는 소리

여기저기에서 흘러나오는 소리,
기도 시간을 알리는 소리입니다.
가던 차들이 멈춰서고 거리 여기저기에서는
사람들이 모여 어딘가를 향해 절을 합니다.
누가 시킨 것도 아니고 누군가 리드를 하는 것도 아닌데
마치 약속이라도 한 듯합니다.

문이 열릴 듯 열릴 듯 열리지 않는 이 나라는
여전히 미지의 세계로 남아 있습니다.
복음을 허용하지 않는, 철저히 숨겨진 나라입니다.

사랑하는 아들아, 내가 너를 그 땅으로 보내야겠다.
매일같이 들려오는 이 죄의 소리는
나의 마음을 슬프게 하는구나.
거리마다 사람들의 폭력과 통곡의 소리와
신전마다 우상을 노래하는 소리가 그 땅을 덮었구나.

가난한 사람들은 고픈 배를 움켜잡고
부한 사람들은 밤새도록 가무를 즐기는구나.

공의도, 정의도, 하나님을 경외하는 것도
어디서도 찾아볼 수 없구나.
전쟁을 즐기고 폭력을 일삼는 것이 그들의 자랑이고,
그들의 이름이 되었구나.
악하고 잔인한 이 백성이 그렇게 죽어가는구나.

사랑하는 아들아, 내가 너를 그 땅에 보내야겠다.
바다를 건너야 하고, 그 바다에는 광풍의 위험도 있다.
얼마나 걸릴지 아무도 예상할 수 없구나.
분명 그들은 너를 환영하지 않을 것이고
너의 말을 듣지 않을 수도 있다.

아무도 가고 싶어 하지 않은 그 땅의 사람들,
그들에게 창조주의 마음이 있구나.

주님은 그렇게 절대 돌아오지 않을 것 같은 사람들,
내 말을 들으려 하지도 않을 사람들에게 가라 하십니다.
잃어버린 영혼들의 소리, 그들의 소리를 주님은 들으십니다.
우리는 주님의 소리를 들어야 합니다.

NOT TURN AWAY *from* FOLLOWING ME

PART **3**

일어나
함께 가자

chapter 9

자신을 녹이는 소금

수많은 무리가 함께 갈새 예수께서 돌이키사 이르시되 무릇 내게 오는 자가 자기 부모와 처자와 형제와 자매와 더욱이 자기 목숨까지 미워하지 아니하면 능히 내 제자가 되지 못하고 누구든지 자기 십자가를 지고 나를 따르지 않는 자도 능히 내 제자가 되지 못하리라

누가복음 14장 25-27절

오래전에 나는 중앙아시아의 여러 나라를 다닌 적이 있다. 그중에서도 카자흐스탄을 여러 번 방문했다. 지금은 많이 변했겠지만 그때는 공항에서도 전산 시스템이 작동되지 않아 손으로 작업하는 직원들이 많았다. 어느 정도 시간이 늦어지면 공항은 폐쇄되었다.

한번은 그곳에 있는 분에게 내가 도착하는 시간과 날짜를 미리 보냈는데 그 분 쪽에서는 시간을 잘못 아셨던 것 같다. 해가 질 무렵 공항에 도착했는데 마중 나온 사람이 아무도 없었다. 한 시간이 지나고 두 시간이 지나자 해는 지고 공항 문을 닫아야 한다고 나가라고 했다.

분명 오셔야 하는 분은 안 오시고, 무작정 공항을 나갔는데 다른 데 연락할 사람도 없고 아는 연락처도 없었다. 하필 내 수중에는 아무것도 없었다. 나를 데리러 오기로 하신 그 분만 믿고 무일푼으로 카자흐스탄 공항에 도착한 나는 살얼음 같은 그 추운 날씨를 참으며 공항 밖에서 무작정 기다려야 했다. 카자흐스탄의 겨울은 우리나라의 겨울보다 체감 온도가 훨씬 더 낮다.

온몸은 얼어붙는 것 같고, 공항 앞에 택시가 서 있는데 현지 말은 한 마디로 할 줄 모르고 기사들은 영어 한 마디도 알아듣지 못했다. 이러지도 저러지도 못하고 그저 발만 구르고 있었다. 주위에는 공중전화카드를 파는 아이들이 한두 명 남아 있을 뿐, 공항에는 적막한 바람 소리뿐이다. 나를 도와줄 수 있는 사람이 아무도 없었다.

'어떻게 해야 하나요?'

하늘을 바라보면서 한숨을 쉬고 있으려니 추위에 입이 얼어 벌어지지 않는다. 배는 고프고 돈은 없고 춥고. 공항 밖에 한참을 서 있다가 어디라도 들어가 있지 않으면 얼어 죽을 것 같아서 아무 데나 들어가려 했지만 건물 문들이 단단히 잠겨 있었다.

'아, 이러다 죽겠구나.'

정말 추웠다. 그때 어떤 할머니가 내게 차 한 잔을 가지고 오셨다. 공항 앞에서 행상을 하는 할머니인데 행상을 접고 집에 가려다가 추위에 발을 동동 구르고 있는 나를 보신 것이다. 작은 컵에 따뜻한 차 한 잔을 가지고 오셨는데 컵이 손에 닿는 순간 온몸이 녹는 듯했다. 그냥 손에 느껴진 따뜻함인데 이렇게 좋을 수가….

입이 얼어서 고맙다는 말도 전하지 못했다. 따뜻한 차 한 잔은 금방 내 입에서 온몸으로 전달되었고 잠시지만 정말 따뜻했다. 그러자 옆에 있던 전화카드 파는 어린 학생이 내게 다가온다. 그러더니 카드를 주는 것이다. 내가 주머니에 손을 넣으며 돈이 없다고 표시를 했더니 손으로 괜찮다고 하면서 나보고 어디든 빨리 전화를 하라고 하는 것이다.

그런데 나는 이곳에 계신 분 연락처를 몰랐다. 전화가 있어도 연락할 곳이 없었다. 게다가 그때는 인터넷이나 SNS가 지금과 같지 않을 때였고, 도움을 요청할 곳도 없고 방법도 없었다. 누구에게 어디로 연락을 해야 하는지. 몸도 얼고, 생각도 얼고, 기억도 얼어 버려서 아무 생각도 나지 않았다.

'주님, 어떻게 하나요? 도와주세요.'

이 한 마디 외에는 생각나는 게 없었다. 그때 거짓말처럼 차 한 대가 작은 공항 앞에 도착하더니 누군가 내린다. 그러고는 주위의 택시기사가 나를 가리키며 내가 있는 곳을 말하고 있었다. 눈을 의심했는데 내가 기다리던 분이 오셨다. 꿈인지 생시인지 헛것이 보이는 것인지, 처음에는 몰랐다.

정말 내 모든 것이 정지되기 직전에 오셨다. 그 추위에 무려 네 시간 동안 공항 밖에서 떨었다. 현지인들도 저녁에는 두 시간만 밖에 있어도 동상에 걸린다고 하던데.

그날이 마침 한국의 구정이어서 한국 분들끼리 어느 집에 모여서 조촐한 구정 파티를 하고 있었단다. 그런데 식사 도중 불현듯 내가 생각났고, 갑자기 오늘 내가 공항에 도착하는 것이 떠올랐다고 한다. 그래서 시간을 확인하고 부리나케 택시를 잡아타고는 공항에 오신 것이다.

'세상에, 조금만 더 일찍 오시지….'

반가움보다는 원망이 먼저 생긴다. 그 분과 택시를 타고 숙소로 가는 동안에 '이렇게 죽을 수도 있겠구나' 하는 생각뿐이었다. 만약 그때 그 분이 오지 않았으면 나는 어떻게 됐을까? 난 그 후로 일주일을 누워 있었다.

오랜 시간이 지난 지금도 이 기억이 생생한 건, 주께서 내가 의지할 만한 대상들을 하나씩 멀리 두심을 배웠기 때문이다. 돈도 없고, 연락처도 없고, 아는 사람도 없고, 도와줄 지인도 없고, 아무것도 없는 곳에서도 하나님을 바라보고 의지하는 것.

바울이 자기 마음에 사형 선고를 받은 줄 알았다고 할 때, 그의 가족이나 친지 친구가 생각나지 않았을 것이다. 오직 죽은 자를 살리신 하나님이 생각났다. 주님은 바울을 그렇게 가르치셨다. 죽음에 이르는 그 순간까지도 죽은 자를 살리신 하나님을 의지하는 법을.

주님은 우리가 어떤 길을 가야 할지 알고 계신다. 신명기는 하나님의 백성이 가나안에 들어가서 지키고 행동해야 할 많은 이야기로 가득하다. 그중에 많은 부분이 "좌로나 우로나 치우치지 말고"(신 5:32, 17:11, 17:20, 28:14)라는 경고이다.

우리에게 하시는 명령을 떠나 다른 곳으로 치우치지 말라는 말씀이다. 이것은 하나님의 백성이 가야 할 그 길을 명확히 아시는 하나님이 스스로 그들의 길을 인도하시겠다는 약속이다. 하나님의 말씀을 의지하라는 것이다. 사람들의 말에 좌지우지 되지 말고 그분께 들으라는 말씀이다.

부모도, 아내도, 자녀도, 나 자신도 하나님의 말씀보다 확실하지 않다. 세상 누구도 하나님보다 나를 더 잘 아는 분은 없다. 그렇기에 우리의 삶은 그분에게 모든 것을 맡기는 삶이어야 한다.

우리가 사는 날 동안 수많은 위기와 어려움의 순간에 봉착하게 될 것이다. 특히 예수님의 제자로서 살아간다면 그 삶에서 더 많은 힘든 순간들을 겪게 될 것이다. 질병과 위험과 곤고와 오해와 부당함과 또한 억울함, 주께서 우리가 세상에서 미움을 받게 될 것이라고 말씀하신 것은 경건하게 살려는 사람이라면 세상과 반대가 되기에 수많은 어려움을 겪게 될 것을 아셨기 때문이다. 그것이 당연한 삶이라 하셨다.

그런 상황이 닥쳐왔을 때 우리는 누구를 의지해야 하는가? 사람은 우리의 결론이 아니다. 함께 위로하고 도와줄 수는 있지만 우리의 해결책이 아니라는 것이다.

예수님이 제자를 부르신다. 그분의 열두 제자는 예수님이 직접 만나거나 찾아가셔서 부르신 사람들이다. 예수님을 따르는 열두 제자는 그분이 정확히 누구신지 잘 몰랐다. 당시 예수님이 대중들에게 그렇게 알려진 분이 아니셨기 때문이다. 얼떨결에 따르게 된 예수님이 하나님의 아들이신 것을, 그들은 아주 오랜 후에 알게 된다.

대중적인 관심을 받게 되면서 예수님은 어디를 가든지 환영받는 분이 되셨다. 예수님 주위에는 언제나 수많은 무리들이 따라다녔고, 그중에는 병자와 귀신 들린 사람들, 바리새인과 서기관 등 다양한 사람들이 있었다.

여기서 수많은 무리는 '군중'이다. 불특정 다수를 가리키는 군중들, 다시 말하면 예수님을 따라다니는 구경꾼들이었다. 예수님에 대한 수많은 소문이 난무하는 가운데 진심으로 예수님을 찾아온 사람들도 있겠지만, 대부분은 평소에 볼 수 없는 구경을 하고 싶은 구경꾼이었다.

세상에 구경꾼들은 많다. 길거리에 연예인 한 명만 지나가도 구름떼처럼 구경꾼들이 모인다. 사진도 찍고, 영상도 올리고, 그저 군중심리로 모인 사람들이 대부분이지만 연예인 한번 보겠다고 가던 길을 멈추고 시간을 허비한다.

예수님 주위에도 군중들, 불특정 다수의 구경꾼들이 항상 모여 있었다.

'오늘은 무슨 말씀을 하시려나? 누구를 치료하시려나? 무슨 기적을 베푸시려나?'

그러던 어느 날, 예수님은 수많은 무리, 즉 예수님을 보기 위해 함께 따라오는 구경꾼들을 향해 고개를 돌리시고 "제자가 되어 나를 따라오려거든" 하면서 제자의 조건과 방법을 말씀하셨다. 그것은 너무 당황스런 조건이었다. 이전에는 듣도 보도 못한 이야기였다.

여기서 분명히 알고 넘어가야 할 것은 수많은 무리들, 즉 구경꾼들은 제자가 아니라는 것이다. 우리는 태어나면서부터 자동적으로 제자가 되지 않는다. 특별한 부르심을 받은 사람들 중에는 어미의 배속에서부터 성령으로 충만했던 사람들도 있었다. 그러나 대부분의 사람들은 세상의 평범한 구경꾼에서부터 시작한다. 그 구경꾼에는 나도, 우리도 모두 포함되어 있다.

예수님은 수많은 구경꾼들을 향해 제자가 되려면 자기 부모와 처자와 형제와 자매, 자기 목숨까지 미워해야 한다고 말씀하신다. 자기에게 가장 가깝고 가장 사랑하는 가족들에 대한 태도가 예수님의 말씀하시는 제자의 첫 번째 조건이었다.

예수님의 제자가 되기 위해서는 먼저 누군가를 미워해야 한다. 사랑하라고 가르치시는 분이 사랑하는 가족을 미워하라고 말씀하신다. 아내와 자녀와 부모, 또한 자기 자신을 미워해야 제자가 될 수 있다는 것이다. 어찌 보면 너무 비정하고 감당할 수 없는 조건이다. 특히나 가족에 대한 사랑과 부모에 대한 존중이 강한 사람이라면 이 조건은 비현실적으로 보인다. 정상적인 사람의 삶이 아닌 것으로 보인다. 이런 사실을 예수님이 모르실 리 없을 텐데, 제자가 되기 위해서는 그 모든 것을 미워할 수 있어야 한다고 하신다.

'제자의 길이 결코 쉬운 길이 아니구나.'

난 결혼을 늦게 했다. 다른 내 또래의 친구들은 자녀가 고등학생이나 대학생이 되었는데, 우리 큰아이는 고작 아홉 살이다. 결혼을 늦게 한 이유 중에 하나는 가정에 대한 소망, 즉 필요를 못 느꼈기 때문이다. 아마도 정상적이지 않는 우리 가정을 오랜 시간 봐오면서 가정에 대한 행복과 기대가 없었을 수도 있다. 그냥 혼자 살아도 될 것 같았고, 결혼을 해서 불행한 가정을 만드느니 혼자 사는 것도 괜찮다는 생각을 한 것 같다.

이전 책에서 나는 돌아가신 아버지 이야기를 하면서 역기능 가정의 아픔을 같이 나눈 적이 있다. 글로 다 표현할 수 없는 암흑 같은 시간이 나의 모든 청소년기를 잡아먹었다. 외도와 경제적 무능력으로 가정을 외면한 아버지의 빈자리는 홀로 남겨진 어머니의 몫이었고, 그 몫을 감당하기 위해 어머니는 다른 사람보다 몇 배나 힘든 인생을 사셔야 했다.

지금도 여전히 외롭게 홀로 생활하시며 자녀들을 기다리는 어머니를 생각하면 가슴이 시리도록 아프다. 그런 어머니를 말씀대로 미워해야 하는가?

나는 결혼을 했지만 본의 아니게 가족과 떨어진 지 오래되었다. 큰아이는 아홉 살이 되었고, 둘째와 셋째도 생겼다. 그 중간에 나는 여러 번 가족과 함께 보내기 위해서 한국을 방문했지만 얼마 되지 않아 또다시 헤어져야 하는 시간이 10년 가까이 반복되었다.

지금도 나는 가족들과 떨어져 있다. 아내가 힘들게 내 몫까지 시간을 참고 견디고 있음이 고마울 따름이다.

그런데 내가 제자가 되기 위해 아내와 아이들을 미워해야 하는가? 있을 수 없는 일이다. 예수님이 말씀하신 부모나 처자나 자녀나 자기 자신까지 미워해야 한다는 말씀은 도대체 무슨 의미일까?

떠날 때만 배울 수 있는 것

나는 아주 오랜 시간 이 말씀을 가지고 생각했다. 말씀 그대로만 본다면 인정할 수도 안 할 수도 없는 말씀이다. 난 제자인가? 제자의 삶의 우선순위는 예수님이 되어야 한다. 예수님은 제자들이 걸어가야 할 길을 아셨다. 제자의 삶에 있어서 가장 중요한 힘은 가족이 아니라 예수님이다. 예수님의 제자가 예수님이 원하시는 길을 가기 위해서는 누구의 힘도 필요하지 않다. 오직 예수님의 힘만 필요하다.

사람은 누군가를 의지하게 되어 있다. 그 첫 번째 대상은 부모일 것이다. 힘들고 어려울 때 부모만큼 나를 도와줄 수 있는 분들이 계실까? 또한 아내와 자녀, 내 사랑하는 가족도 힘과 도움의 대상일 것이다.

나는 오래전에 부모로부터 독립을 했다. 사실 완전한 독립은 아니었다. 학교에 다닐 때는 부모가 학비를 대주었지만 엄마가 해주는 밥보다는 밖에서 남이 해주는 밥을 더 많이 먹고 자랐다. 곤고한 시간, 외로운 시간, 방황의 시간을 나는 너무 일찍 시작했다. 고민이나 아픔이 있어도 누군가를 찾아갈 수 있는 곳이 없었다. 그냥 참고 버티고 인내하며 사는 것이 인생인 줄 알았다.

아버지에 대한 원망과 초라한 가정에 대한 비관, 남들처럼 살 수 없는 환경을 욕하며 세상과 벗하며 살던 시간이 있었다. 가방에 자전거 체인을 가지고 다니면서 싸움질을 하고 불량배 선배들과 어울리면서 집보다는 밖에서 살았던 시간들. 내게는 잊고 싶은 기억이지만 그 속에서 한 가지 배운 게 있다. 독립이다. 이 독립은 독불장군처럼 혼자 산다는 의미가 아니라, 내가 의지할 수 있는 모든 것에서 자유해진다는 것이다.

내 주위에는 부모님도 선생님도 친구들도 있지만, 그들은 내가 사랑하고 돌봐야 하며 관계할 사람들이지 내가 의지할 수 있는 대상이 아니다. 나는 이것을 내가 예수님을 만나 그분의 사명을 깨달으면서 알게 되었다. 이것이 예수님 한 분만 의지하면서 평생을 제자로 살아가는 기준이기도 하다. 내 주위에 있는 수많은 의지의 대상들, 그리고 나 자신까지도 의지하지 말아야 한다.

형제들아 우리가 아시아에서 당한 환난을 너희가 모르기를 원하지 아니하노니 힘에 겹도록 심한 고난을 당하여 살 소망까지 끊어지고 우리는 우리 자신이 사형 선고를 받은 줄 알았으니 이는 우리로 자기를 의지하지 말고 오직 죽은 자를 다시 살리시는 하나님만 의지하게 하심이라

고후 1:8,9

예수님의 제자는 오직 죽은 자를 살리신 하나님만 의지하는 법을 배운다. 하나님을 의지하는 자, 그것은 사람을 의지하는 것을 떠날 때 가능하다. 아니, 사람만 의지의 대상은 아니다. 사람은 그 대상이 누구든, 무엇이든, 무언가를 의지하며 산다. 사람을 의지하지 않으면 재물을 의지하고 자기의 능력과 기술과 배경을 의지한다. 자기

자신까지도 미워하라고 하신 것은 나 자신도 내 의지의 대상이 아니란 말이다. 내가 의지하는 그것이 내 문제를 해결해주리라 믿는 믿음의 대상이다. 우리의 믿음은 오직 하나님에게 있어야 한다.

유다는 애굽의 경제와 군사를 의지하였고, 이스라엘은 자신들이 만든 우상을 의지하였고, 바리새인들과 서기관들은 자신들의 권력과 지위를 의지하였고, 왕들은 백성을 의지했다. 예수님의 제자는 하나님만 의지한다. 제자들에게는 힘에 겹도록 심한 고난을 당하여 살 소망까지 끊어지는 때가 온다. 제자의 삶 속에 이 고백이 없다면 그것은 제자의 삶을 잘못 살고 있는 것이다. 마치 사형 선고를 받은 것 같은 그때, 그 환난의 시간 속에서 자신을 지킬 수 있는 것은 자기를 의지하지 않고 오직 죽은 자를 다시 살리신 하나님만 의지하는 것이다.

제자는 사명으로 말한다

이 글을 쓰고 있는 나는 지금 죽을 만큼 지쳐 있다. 아직 숨 쉬고 있는 것을 보니 바울처럼 사형 선고를 받을 만큼의 환난은 아닌 것 같다. 이 땅은 나를 반기지 않는다. 아니 내가 가고자 하는 모든 땅들이 나를 환영하지 않는다. 이 땅에서 살려면 나는 많은 대가를 지불해야 한다. 목숨을 위협받는 대가는 이미 아프간에서 충분히 경험했다.

불안한 치안, 불결한 환경, 전기와 물 없는 주거 생활을 한탄하지도 않는다. 이것은 이미 각오하고 준비되었기 때문에. 늘 긴장하고 불편한 삶을 사는 데는 익숙해졌다. 정말 힘든 건 변하지 않는 사람들이다. 내가 사람들을 변화시킬 수 없다. 주께서 하셔야 한다. 복음이 힘 있게 모든 민족에게 들어가고 그들은 복음으로 다시 살아나야 한다. 이 민족 이 땅의 사람, 아직도 갈 길을 몰라 불안과 암흑 속에서 살아가는 사람들이 태반이다. 나는 그냥 모래사장의 모래 알갱이 같은 존재로밖에는 안 보인다.

제자로 살기 위해서는 기다리고 또 기다리고, 버티고 또 버티며, 이 모든 삶의 중심에서 하나님을 의지하는 법을 배워야 한다. 그것을 모르면 나는 아무것도 할 수 없다.

십자가는 예수님만이 지실 수 있는 사명이었다. 그분은 이 땅에서 사는 동안 이 사명을 위해 달려오셨다. 그 사명이 고통과 처절한 아픔을 동반하지만, 그것을 피해 가거나 포기하지 않으시고 그 사명을 다 감당하셨다.

제자는 사명으로 말한다. 사명이 없는 제자는 없다. 각자에게 주어진 사명. 이 땅을 사는 동안 하나님의 꿈을 위해 살아가는 사람들의 삶에는 사명이 있다. 예수님은 제자들에게 "내 양을 먹이라, 사람을 낚는 어부가 되어라, 모든 족속에게 복음을 전하라"는 사명을 주셨다.

그들은 제자가 되고 그 사명을 감당하는 데 일생을 바쳤다. 사명을 모르면 구경꾼에 머물 뿐이다. 남이 좋다고 하면 좋은 거고 남이 가는 거면 가는 거다. 여기저기 그냥 그렇게 아무 사명 없이 살아가게 된다. 인생의 구경꾼 같은 사람들은 모르는 길이 제자의 길이다. 하나님은 우리를 제자로 부르셨고, 제자는 각자에게 주어진 사명이 있음을 믿는다. 그리고 제자는 그 사명, 즉 십자가의 사명을 지고 예수님을 따르는 것이다.

나는 어려서부터 운동을 했다. 운동을 하는 사람이라면 누구나 국가대표선수가 되고 싶다는 꿈을 가지고 있다. 그 많은 사람들 중에서 국가대표선수가 되는 사람은 극히 소수이지만 선수들은 하나같이 국가대표선수를 꿈꾸며 훈련을 한다.

만약에 유명한 대학의 법대를 졸업한 사람이 국가대표선수가 되겠다고 대표팀 감독을 찾아왔다고 생각해보자. 감독이 그의 이력서의 스펙이 남다르다고 한 나라의 대표팀 선수로 기용하겠는가? 어떤 재벌회사의 사장이 대표팀 선수가 되겠다고 찾아왔다고 하자. 감독이 그 사람의 재산을 보고 한 나라의 대표선수로 기용할 수 있겠는가? 말도 안 되는 일이다.

감독은 그 나라에서 가장 기량이 뛰어난 선수들을 발굴하고 훈련시켜서 대표팀에 이름을 올린다. 그리고 각 선수들의 장단점을 파악해 자신과 맞는 선수들을 고르고, 작전을 이해하고 수행할 수 있는 선수들을 선발한다. 그리고 그 선수들이 운동장에서 최고의 기량을 발휘할 수 있게 하는 것이 감독의 임무다.

감독은 원하는 선수를 찾고 훈련시켜서 감독이 원하는 전략을 가지고 운동장에서 경기를 하게 한다. 그래서 감독마다 자신이 원하는 스타일의 선수들을 찾고 발굴한다. 자기가 원한다고 아무나 대표팀 선수가 될 수 없다.

너희 중의 누가 망대를 세우고자 할진대 자기의 가진 것이 준공하기까지에 족할는지 먼저 앉아 그 비용을 계산하지 아니하겠느냐 그렇게 아니하여 그 기초만 쌓고 능히 이루지 못하면 보는 자가 다 비웃어 이르되 이 사람이 공사를 시작하고 능히 이루지 못하였다 하리라 또 어떤 임금이 다른 임금과 싸우러 갈 때에 먼저 앉아 일만 명으로써 저 이만 명을 거느리고 오는 자를 대적할 수 있을까 헤아리지 아니하겠느냐

눅 14:28-31

나는 감독을 하면서 이 말씀을 이해하게 되었다. 예수님은 그분의 선수가 필요하시다. 경기에 뛸 선수. 예수님은 망대를 세우시는 주인이시고 다른 나라와 전쟁을 하러 가는 임금과 같은 분이시다. 망대를 세우기 전에, 다른 나라와 전쟁을 하기 전에, 먼저 앉아서 작전을 세우고 전략도 세우고 계산을 하신다.

우리도 내가 가지고 있는 물질로 건물을 세우기에 충분한지 모자라는지를 점검해야 한다. 충분하지 않으면 기둥만 세우고 말게 된다. 건물은 설 수 없다. 내게 있는 군사로 적을 무찌를 수 있을지 앉아서 계산을 하고 계획을 짜야 한다.

청함을 받은 자는 많되 택함을 입은 자는 적으니라 마 22:14

주인이 잔치를 열고 미리 청함을 받은 사람들을 잔치에 불렀지만 하나같이 자기 개인의 업무에 바빠 그 청함에 응하지 않는다. 청함을 받은 사람들은 주인이 미리 선정한 사람들이다. 그러나 그들은 바쁘다. 자기의 사업에 바쁘고 가정에 바쁘고 노는데 바쁘다. 누구도 주인의 잔치에 오려 하지 않는다. 주인의 잔치에 가는 것보다 좋은 것이 더 많기 때문이다. 그들은 모두 구경꾼들이다. 잔치에 참여하고 싶지만 다른 게 더 좋은 사람들.

화가 난 주인은 거리에 나가서 아무나 데려다 잔치에 채우라고 한다. 잔치는 이미 벌어졌다. 청함을 받은 사람들이 응하지 않으면 그 잔치는 다른 사람들의 몫이 된다.

구경꾼은 제자가 아니다. 예수님은 자신을 구경하는 사람들을 원치 않으시고 자신을 따라오는 제자를 원하신다. 많은 사람들이 제자가 되기 위해 신학교에 가고, 교회 사역을 하고, 목회자가 되려 한다. 그 모든 사람들이 제자일까? 교회에서 직분을 받은 사람들은 모두 제자일까? 믿는 사람들 중에 구경꾼이 많을까, 제자가 많을까?

버리는 삶, 제자가 되는 훈련

예수님은 제자가 되는 또 다른 조건을 말씀하신다.

이와 같이 너희 중의 누구든지 자기의 모든 소유를 버리지 아니하면 능히 내 제자가 되지 못하리라 눅 14:33

"부모와 처자와 자기를 미워하고 모든 소유를 버리지 아니하면 능히 내 제자가 되지 못한다."

이런 조건을 말씀하신 예수님은 과연 누가 그분의 제자가 되고 싶어 할지 예상하고 이런 말씀을 하신 것일까? 어떤 사람이 이 말을 듣고 예수님의 제자가 되고 싶겠는가? 말도 안 되는 조건이다. 차라리 율법을 5년 공부하고, 기도원에서 5년 도를 닦고, 성전에서 5년 봉사를 하면 내 제자가 될 수 있다고 하면 시간은 길어도 제자가 되고 싶은 사람이 있을 수도 있겠다. 그런데 예수님이 말씀하신 제자의 기준은 쉽지 않다.

사람들이 가장 많이 유혹을 받는 건 소유다. 소유는 재산만 의미하지 않는다. 소유는 명예와 성공을 포함한다. 우리가 흔히 말하는 '스타'라는 말을 듣는 것도 그중 하나다. 한국은 스타병에 걸려 있다고 한다. 스타 연예인, 스타 운동선수, 스타 정치인 등등 교계에도 스타가 있다. 스타 목사, 스타 강사, 스타 부흥사 등.

사람들은 스타라는 말을 붙여주고, 그것은 마치 훈장인 것처럼 사람들에게 불린다. 그 즐비한 스타 성직자들이 지금은 재판 중에 있거나 징계 중에 있고 사람들의 구설수에 오르내리고 있다. 한번 스타로 불린 사람들은 그 자리에서 내려오는 게 죽음보다 힘들 거다. 지금까지 쌓아 놓은 명성이 하루아침에 물거품이 된다면 얼마나 당황스럽고 고통스럽겠는가? 사람들에게 알려지고, 사람들에 인정받고, 사람들에게 박수 받는 자리가 스타의 자리다.

남자들에게 특히 나이가 들수록 소속감이 중요하다. 소속감은 사람들에게 안정감을 준다. 그 소속 된 자리에 어떤 불의와 부당함이 있다고 해도 그 자리를 뜰 수 없는 것은, 그 자리를 내어주고 나올 때 생기는 불안함 때문이다.

부당한 대우를 받아도, 손해를 봐도, 치욕을 당해도, 그 자리를 당장 박차고 나오고 싶은 충동이 머리끝까지 올라와도, 그 자리에서 떠나게 되면 오게 될 불안함, 그것이 계속 그 자리에 머물게 한다. 그 불안함을 견딜 수 없기 때문이다.

그래서 우리는 자리에 연연한다. 그곳이 내가 있을 곳이 아님에도 불구하고 우리는 그 자리를 떠날 수 없다. 자리가 내 안정감이고 나의 정체성이기 때문에 그렇다. 특히 리더의 자리는 더 그렇다. 어떤 공동체, 어떤 단체의 리더든 그 자리를 내려오는 순간, 불안함과 공허함을 경험하게 될 것이다. 그리고 든든한 안정감이 무너지고 정체성의 혼란이 올 수도 있다. 그래서 멋있게 그 자리를 내려오는 사람들이 많지 않다.

하나님은 아브라함에게 고향, 친척, 아버지의 집을 떠나라고 하셨다. 자기 고향은 아브라함의 안정감이었다. 그리고 아버지 집은 자기의 견고한 자리이며 든든한 위치, 곧 자신의 정체성이었다. 그는 완전히 자리를 비우고 떠났다. 안정감이 있는 땅과 자기 고유의 자리에 연연하지 않았고 그 소유를 버리고 떠난 것이다. 하나님은 그것을 믿음으로 보셨다. 그리고 그로 열방의 아비가 되게 하셨다.

> 여호와께서 아브람에게 이르시되 너는 너의 고향과 친척과 아버지의 집을 떠나 내가 네게 보여줄 땅으로 가라 내가 너로 큰 민족을 이루고 네게 복을 주어 네 이름을 창대하게 하리니 너는 복이 될지라 창 12:1,2

소유는 곧 안정감이고 나의 정체성이다. 그것을 언제든지 주님의 뜻 안에서 버릴 수 있을까? 말은 쉽게 할 수 있지만 절대 쉬운 게 아니다. 그러나 내 위치나 자리가 나의 안정감이나 정체성이 아님을 예수님이 아신다. 세상과 사람들이 주는 안정감이나 정체성이 아니라 예수님과의 깊은 관계와 그분의 말씀을 따르는 순종에서 나의 안정감이 발견되어야 된다. 진정한 안정감과 정체성을 예수님 안에서 찾는 자가 진짜 제자다.

높은 자리에 올라가면 신기한 것이 많다. 원하는 대로 되는 것 같다. 나의 한 마디는 열 마디가 되어 사람들에게 알려진다. 수고하지 않아도 모두 내 손과 발이 되어준다. 모두가 나를 지켜보고 나를 기다린다. 모두가 나를 중심으로 움직인다. 희한하다. 사람들의 박수 소리가 싫지 않다. 그들의 반응이 내 피부에 와 닿는다. 분명 땅을 밟고 있는데 하늘에 붕 뜬 기분이다.

마음속에 작은 욕심이 생기기 시작한다. 계속 그 자리에 있고 싶은 욕심이다. 사실, 원래 하던 대로만 해도 그 자리에 계속 있을 수 있다. 사람들의 환영과 대접, 박수와 주목을 받을 수 있다. 많은 사람들이 나를 찾고, 내가 가는 곳에 사람들이 몰린다. 즐거운 분주함으로 마음이 바쁘다.

내 욕심은 점점 커지려 한다. 더 잘할 수 있을 같고, 더 훌륭한 사람이 될 수 있을 것 같다. 그럴 때 생각해야 한다.

'계속 여기 있어도 되나?'

그때 주님은 그 소유를 버리라고 하신다. 그리고 다시 나의 원래의 자리로 가라 하신다. 원래의 자리, 아무도 없는 빈자리, 거기서 시작했기 때문에 다시 그 자리로 가라 하신다.

그 사람들이 예수께서 행하신 이 표적을 보고 말하되 이는 참으로 세상에 오실 그 선지자라 하더라 그러므로 예수께서 그들이 와서 자기를 억지로 붙들어 임금으로 삼으려는 줄 아시고 다시 혼자 산으로 떠나가시니라 요 6:14,15

예수님의 표적은 놀랍고 어마어마했다. 모두가 기다리는 선지자라 할 만하다. 예수님은 백성이 그분을 억지로 붙들어 임금의 자리에 앉히려는 것을 아시고, 그 자리를 마다하고 다시 혼자 산으로 가셨다. 임금의 자리보다 하나님의 보좌 앞이 더 좋으셨고 그곳이 예수님의 안정감이셨다.

"다시 혼자 산으로 떠나가시니"

예수님께 소속은 중요하지 않다. 그분의 정체성도 그분의 위치에서 찾지 않으셨다. 예수님의 안정감은 하나님의 임재 안이었고 예수님의 정체성은 순종의 자리였다. 제자는 예수님 안에서 안정감을 찾고 그분의 뜻에 순종함으로 정체성을 가져야 한다.

소유를 버리는 훈련은 떠나는 것에 자유할 때 가능하다. 자기의 왕국을 세우고 거기서 왕 노릇하는 삶이 아니라 하나님의 왕국에서 하나님이 왕이 되시도록 나를 비우는 삶에서 제자는 시작된다. 제자는 모든 의지의 대상인 부모를 떠나고, 명예를 떠나고, 나에게 안정감을 줄 수 있는 모든 환경에서 떠날 준비가 되어야 한다.

제자로 살고 싶다

예수님은 제자에 관해 말씀하시다 뜬금없이 소금 이야기로 마무리를 하신다. 소금과 제자가 무슨 상관이 있단 말인가?

소금은 짠 맛을 낸다. 음식을 할 때 빠져서는 안 되는 절대적인 맛을 낸다. 예수님은 제자들에게 '너희가 빛이요 소금'이라고 하셨다. 즉 예수 믿는 모든 사람들은 빛으로 세상의 어둠을 밝히고 소금으로 그 맛을 내야 한다는 것이다. 빛은 어둠에 필요한 것이다. 소금은 음식의 맛을 내고 썩지 않게 한다.

만약 소금이 맛을 잃으면 어떤 현상이 생길까? 요즘 세대를 보면서 두 가지로 정리해본다.

첫째, 소금이 짠맛을 잃으면 다른 맛을 찾는다. 요즘 대세가 단맛이라면 사람들은 어김없이 단맛을 찾으러 갈 거다. 자기의 맛을 잃고 그 맛이 무엇인지도 모르고 유행을 따라 다른 맛을 찾으러 가는 것이다. 매운맛이 인기면 매운맛을 찾으러 가고, 단맛이 인기면 단맛을 찾으러 다니는 유행을 따라 사는 유형을 말한다.

소금은 짠맛인데 그 맛을 잃고 세상의 맛을 찾아 그것으로 자기를 채운다. 누가 좋다고 하면 모두가 그쪽으로 움직인다. 모두가 가는 쪽이 어디인지도 모르고, 어디로 가는지도 모르면서 그 유행을 따라 산다. 유행이 우리의 삶과 태도를 결정한다.

이런 세상에서 우리는 어떤 맛을 내며 살고 있는가? 소금인지 설탕인지 고추장인지 맛이 명확하지 않다. 짠맛을 잃은 소금이 설탕의 단맛을 가지고 산다면 우리는 세상이 좋아하는 설탕이 되어 버린 것이다. 세상과 아무런 다른 맛이 없는, 세상의 맛에 우리의 맛을 잃어버린 채 살고 있다. 그들과 똑같이 행동하고, 똑같이 교육하고, 똑같이 성공하고, 똑같이 말하고, 똑같은 길을 간다.

둘째, 맛을 잃으면 멋을 낸다. 속이 비었으니 겉을 꾸미는 것이다. 외모에 모든 관심이 집중되어 있다. 겉을 포장하면 속까지 멋있어 보일 줄 아는가 보다. 겉을 화려하게 꾸밀수록 속은 맛을 잃게 된다. 맛을 잃지 않으면 가만히 있어도 그 맛이 겉으로 드러나게 된다.

꾸미지 않아도 사람들은 그 맛을 보게 될 것이다.

하지만 이제 한국은 그렇지 못하다. 외모와 스펙이 기준이 되어버렸고, 겉모습에 열광하며, 나타나는 결과만 가지고 흥분하는 나라가 되었다. 소금이 맛을 잃으니 소금이 모여 있어야 하는 교회에도 외모와 스펙의 자랑이 즐비하다. 더 화려하고, 더 크고, 더 웅장하고, 더 조직적이고, 더 매력적으로 보이려고 한다. 맛을 잃었다.

마지막으로, 주님은 "들을 귀가 있는 자는 들을지어다"라고 말씀하신다. 귀에 장애가 있어서 들을 수 없는 사람들이 있다. 신체적인 불편함이 있는 분들이다. 예수님은 그런 사람들에게 이 말씀을 하신 것이 아니다. 들을 수 있는 모든 사람들에게 이 말씀을 하신다.

이 말씀이 모든 사람들의 귀에 들려지지만 정말 이 말씀을 들을 수 있는 사람들은 많지 않다. 그래서 귀가 있어도 듣지 못하는 세대를 비관하셨다.

수많은 구경꾼들이 예수님을 따라다닌다. 수많은 교인들이 있다. 그들은 모두 들을 귀가 있는 사람들이다. 그러나 예수님이 사셨던 이천 년 전에도 그랬지만, 지금도 주님의 말씀을 들을 수 있는 귀는 많지 않다.

소금이 좋은 것이나 소금도 만일 그 맛을 잃으면 무엇으로 짜게 하리요 땅에도, 거름에도 쓸 데 없어 내버리느니라 들을 귀가 있는 자는 들을지어다 하시니라 눅 14:34,35

맛을 잃으면 쓸 데 없어 내어버린다. 구경꾼들은 제자가 아니다. 수많은 구경꾼 중에서 누가 예수님이 말씀하시는 제자가 될 수 있을까? 나는 구경꾼인가 아니면 제자인가?

하루를 살더라도 멀리서 바라보며 서 있는 구경꾼이 아니라 제자로 살고 싶다.

chapter 10

모두가 선교사

슬프고 아프다 내 마음속이 아프고 내 마음이 답답하여 잠잠할 수 없으니 이는 나의 심령이 나팔 소리와 전쟁의 경보를 들음이로다

예레미야서 4장 19절

얼마 전 서울에서 메일 하나를 받았다. 열방을 향해 작은 제자의 삶을 살고자 하는 한 형제의 편지였다. 이 편지가 지쳐가는 내게 새로운 생수와 같은 힘을 주었다.

안녕하세요!

선교지로 직접 가서 전하는 복음 전파의 사명을 감당하지 못해 아쉬워하는 그리스도 안에서 형제 된 자입니다.

늘 선교에 대한 필요성과 중요성을 여러 가지 수단을 통해 느끼게 하셨는데, 그간 반응하지 못하다가 올 초 우연히 《천 개의 심장》과 《천 번의 순종》을 읽고 마음에 너무 큰 충격을 받아 도저히 그냥 있을 수 없게 되었습니다.

책을 읽은 3월부터, 풍족하지 않은 선교사님들의 현지 삶을 조금이나마 마음으로 느끼고자 점심 한 끼를 간단히 빵으로 해결하고 그 차액을 모아 오고 있습니다. 그냥 후원하는 것보다 이것이 더 의미 있는 후원이 아닐까 생각해서입니다. 가능하다면 이제부터 매월 4만원씩(한 달 점심 절약분) 선교사님들을 후원하고 싶습니다.

후원 대상 선교사님은 이시온 선교사님이든 아니면 더 절실히 후원이 필요하신 다른 분이든 크게 상관이 없습니다. 어떻게 후원할 수 있는지 알려주시면 감사하겠습니다. - 김OO 드림

김 형제님, 반갑습니다. 저는 이시온이라고 합니다.

오늘 서울에서 메일 한 통을 받았는데, 그 메일이 형제님의 편지였습니다. 보내준 메일을 보고 마음이 참 따뜻했습니다. 매일 점심시간만큼은 형제님은 열방에 계시는 겁니다.

그 소중한 마음과 후원을 제가 다 받을 수 없어 형제님의 마음을 윗분이 아시니 그 마음은 제가 받고 후원금은 저보다 더 어려운 분에게 보낼 것입니다. 그럼 형제님은 두 사람에게 아름다운 후원을 하시는 겁니다.

그 마음 평생 잊지 마십시오. 그리고 혹시 결혼을 하셔서 자녀가 있다면 그 마음을 꼭 자녀에게 전하십시오. 그럼 그 자녀는 어디에 있든 열방을 품은 사람이 됩니다. 윗분이 그 마음을 기뻐하십니다.

오늘, 치열한 전쟁터에 샘물 같은 생수를 전달해주셨습니다.

감사합니다. - 이시온 드림

내가 사는 이곳은 전쟁터와 가깝다. 매일 신문과 방송과 사람들을 통해 이런 소식들을 듣는다. 미군이 철수한 아프간의 탈레반도 무장세력 IS의 손아귀에 들어가고 있음을 듣고 있다. 한국도 이들의 테러 대상국이라는 말이 들려오면서 긴장감이 더해진다. 결코 우리와 거리가 먼 이야기라고 할 수 없다는 게 불편한 사실이다.

이제 우리가 사는 본토에서 우리 민족이 아닌 다른 민족, 즉 우리가 선교사로 나가서 복음을 전해야만 복음을 들을 수 있는 사람들이 우리 본토에 들어오고 있고, 그들의 영향력은 앞으로 더욱 커질 수 있다는 예측을 해본다.

모든 열방의 주인은 하나님이시다. 하나님의 주권은 어느 민족이나 국가를 뽑거나 부수거나 멸할 수 있으시다. 전 세계에는 수많은 나라와 민족과 종족이 있다. 이들에게 보냄을 받고 복음이 없는 곳에 들어가 주의 복음을 전하고 하나님을 예배하는 사람들로 세우도록 부르심을 받은 사명자가 선교사다.

그러나 우리의 선교는 이제 제3국에서만 이뤄지지 않는다. 선교사만 선교사가 아니게 되었다. 이제 예수님을 믿는 모든 사람이 선교사로 살아야 할 때가 온 것 같다.

금융 폭격

우리가 사는 세계에는 수많은 종교와 종족이 있다. 그중 내가 살고 있는 무슬림 세계는 가장 크고 조직적이고 위험하며 빠르게 성장하고 있다. 무슬림들은 거짓된 하나님을 믿으며 자신들이 이스마일의 후손이라 생각하며 산다.

세계는 오일달러를 둘러싼 무슬림과의 자본 협력 혹은 반대로 전쟁의 소용돌이 속에 놓여 있다. 이제 많은 서방 국가와 아시아 국가들이 무슬림의 오일달러에 경제적 원조를 받고 있으며, 이미 영국을 포함한 유럽의 많은 국가들에서 무슬림들의 정착과 사회 기여가 이뤄지고 있고 자연스럽게 정치에도 관여되어 있다. 세계 어느 나라를 가도 차도르(무슬림 여성의 스카프)를 쓴 사람들을 만나는 것은 이제 그렇게 어려운 일이 아니다.

아시아 국가도 경제원조의 문을 열어 무슬림의 스쿠크법(이슬람 채권법)을 도입해서 오일달러를 받아들이고 있고, 무슬림 국가의 진출이 그 경계가 없이 모든 나라에 스며들고 있는 게 사실이다. 자본주의가 주인이 된 세상에서 돈이 없으면 살 수 없는 그 틈을 원수는 잘 알고 있다.

말레이시아 현지 금융업 종사자들도 이슬람 금융의 핵심은 스쿠크임을 강조했다. "이슬람 전체에서 볼 때 최근 가장 인기를 끌고 있는 금융상품은 스쿠크"라며 이것이 이슬람권뿐만 아니라 홍콩, 런던, 도쿄 등 범지역적으로 통용되기 시작하면서 가장 보편적인 이슬람 금융상품으로 자리 잡았다고 했다.

말레이시아의 유력 금융사인 CIMB의 나지르 라작(Nazir Razak)은 "오일달러의 경우 이슬람 금융에 들어와 있기 때문에 이슬람 방식(스쿠크)으로 자금을 빌리면 더 싸게 돈을 빌릴 수 있다"라며 "이슬람 금융은 정교화 된 파생상품을 금지하기 때문에 금융위기의 해결 방법이기도 하다"라고 말했다.

실제로 스쿠크의 인기는 해가 갈수록 치솟고 있다. 실물을 기반으로 거래되기 때문에 가격 형성 체계가 투명하고 잘 확립돼 있어 금융위기 이후 특히 각광받기 시작했다.

말레이시아가 차지하고 있던 이슬람 금융허브의 위상에 비이슬람권 국가들도 속속 도전장을 내밀고 있다. 무디스는 영국뿐만 아니라 홍콩, 호주, 터키 등이 스쿠크 시장에서 본격 경쟁하게 될 것으로 내다보기도 했다.

이와 같이 유럽뿐만 아니라 아시아의 여러 나라들이 이슬람 채권 스쿠크를 받아들이고 있으며, 우리나라에서도 스쿠크법이 국회에 상정된 바 있다. 통과되지는 않았지만 아시아의 여러 나라들이 이슬람 채권 스쿠크를 받아들이는 상황에서 우리나라에 이슬람 채권이 들어오는 것도 시간문제라는 말이 나온다.

영국은 이미 오래전부터 이슬람 자본을 받아들이면서 2014년 기준으로 영국 내에만 모스크가 1,600개 이상 있다고 하고, 이슬람 학교도 136개 정도가 있다고 한다. 영국의 영적인 상황을 아는 사람들은 더 이상 영국은 기독교국가가 아니라고 말한다. 자본주의 앞에서 모든 것을 버리고 굴복한 셈이다.

테러 폭격

더 충격적인 것은 IS에 가담하기 위해 시리아와 이라크로 건너가는 영국인의 수가 계속 늘고 있다는 것이다. 영국 정부는 현재 IS에 가담해 활동하고 있는 영국인을 약 600여 명가량으로 추산하고 있다. 영국 의회에서는 실제 IS 가담 영국인의 숫자는 정부의 공식 추정치보다 훨씬 많을 것이란 주장이 제기되기도 했다.

서양의 젊은이들 사이에서 IS가 너무 많이 알려진 탓에 무분별한 젊은이들이 IS 전사가 되거나 그 전사의 아내가 되겠다고 집을 나서는 사례가 점점 늘고 있다. 한국인 청소년들 중에도 서방의 젊은이들처럼 무작정 무장단체를 옹호하고 따르려는 시도가 있다. 실제로 2015년 한국 청소년 김모 군이 IS에 가담한 사실이 알려져 한국이 발칵 뒤집히기도 했다.

아시아의 이슬람국가 젊은이들뿐만 아니라 중국과 일본, 동북아의 비이슬람권 젊은이들도 무작정 집을 떠나 IS에 가입하고 있고, 일본의 어느 가정은 가족이 모두 IS에 가입하여 보도된 적이 있다. 자기 아이들에게 살인을 가르치고 전쟁을 가르치며 자살 폭탄으로 내모는 실정이다.

아프간, 시리아, 이라크, 예멘, 북아프리카와 동아프리카의 소말리아, 그리고 서아프리카의 나이지리아까지 그 세력은 빠르게 퍼지고 있고, 수많은 무장단체가 IS에 충성을 맹세하고 있어 IS의 세력은 점점 더 힘을 얻고 있다.

IS에 가담하려는 이들은 대부분 사회나 가정, 정부에 불만을 가진 사람들이다. 사회에 적응하지 못하거나 소외 대상인 경우가 많고 학교에서의 따돌림 등으로 인생에 대해서 회의적인 사람들이 대부분이다. IS는 주로 이런 부류의 사람들에게 영웅적인 믿음을 심어주고 IS의 폭력적인 사상을 미화시켜 보여줌으로 사람들을 모집한다.

내가 사는 이곳도 안전지대는 아니다. 반군이 정부군과 교전을 벌이고 있고, 유엔과 주위 국가의 중재로 평화 협상이 이뤄질 듯하지만 여전히 분위기는 험악하다. 이들 반군이 IS에 협력하고 충성하면 걷잡을 수 없는 혼란에 빠지게 된다.

참고로 시리아의 예를 들어본다. 시리아에서는 지금도 끝이 보이지 않는 전쟁이 계속되고 있다. 폐허가 된 도시에서 수많은 사람들이 목숨을 잃었고, 그보다 훨씬 더 많은 사람들이 집을 잃고 피난길에 올랐다. 그중 일부는 목숨을 걸고 국경을 넘었다. 남은 이들은 공습의 공포와 극심한 가난에 시달리며 하루하루를 살아가고 있다.

2011년 3월, 바샤르 알 아사드 정권에 대항하는 전국 규모의 시위로 촉발된 시리아 정부군과 반군들의 내전이 지금까지 계속되고 있다. 강대국의 이해관계가 충돌하는 동안 시리아에는 수백 개의 무장단체가 난립했고, 이 나라는 적과 아군을 구분하기조차 어려운 난장판이 됐다. IS는 시리아 내전을 틈타 세력을 키웠다. 해가 거듭될수록 상황은 계속 악화 일로를 걷고 있다.

영국 방송 BBC는 시리아 내전이 계속되는 만 5년 동안 사망자 수는 25만 명을 넘어섰다고 전했으며, 유엔 난민기구에 따르면 내전 발발 전 2,300만 명에 이르던 시리아 인구 중 절반가량이 거주지를 잃고 난민으로 전락했다.

이중 650만 명은 국내에서 유랑 생활을 하고 있고, 480만 명은 유럽 등 국외로 이주한 것으로 알려졌다. 인구의 70퍼센트가 식수를 공급받지 못하고 있으며, 3분의 1가량이 생존에 필요한 식품조차 구하는 것이 불가능한 상황이라고 한다(서울신문, 2016년 3월 15일).

시리아정책연구센터(SCPR)가 수집한 통계자료에 따르면, 시리아 주민의 평균 기대수명이 2010년 70세에서 2015년 55.4세로 떨어졌다고 발표했으며, 시리아 전체 인구 중 11.5퍼센트가 내전 이후 부상을 당하거나 숨진 것으로 나타났다.

설상가상으로 치안 상황이 갈수록 악화되면서 구호마저 어려워지고 있다. 시리아 반군 거점지라는 이유로 정부가 봉쇄한 봉쇄지역에 거주하고 있는 민간인들은 식량도, 의료품도 제공받지 못한 채 하루하루 죽음의 공포와 싸우고 있다. 유엔과 10개 구호단체들은 2016년 3월 14일 시리아 내전 5주년을 맞자 공동성명을 발표하며, "시리아의 봉쇄지역에 기본 보급품을 전달하기 시작했지만, 원조가 절실한 약 20퍼센트 지역에 구호품이 도달하지 못하고 있으며, 약 50만 명이 최전선 뒤에 잡혀 있어서 매우 우려스럽다"고 밝혔다.

국제구호기구 '세이브더칠드런'은 시리아 내전 5주년 보고서 '봉쇄된 미래'를 발간하면서 "시리아의 봉쇄지역 주민들은 수년간 계속된 전쟁으로 심리적 외상과 더불어 식량 부족으로 극심한 굶주림과 의약품 및 의료시설 부재로 고통 받고 있다"고 밝혔다.

심지어 얼마나 많은 사람들이 고통 받고 있는지조차 정확히 집계하기도 어려운 실정이다. 유엔은 시리아 내 18개 봉쇄 지역에 약 48

만 6천 명이 거주하고 있는 것으로 발표했으나, 국경없는의사회는 최대 190만 명이 봉쇄지역에 살고 있는 것으로 파악하고 있다.

기본적인 식량과 생필품을 확보하는 것도 문제지만, 의약품과 의료물자 공급이 차단되어 있으며 위급한 환자나 중상을 입은 환자들조차 의료적 조치를 받는 것이 거의 불가능한 상황이란 데 더 큰 심각성이 있다. 국경없는의사회는 2015년에 벌어진 94차례의 폭격 속에 국경없는의사회 지원 병원 및 진료소 63곳이 타격을 입었다고 밝혔다. 치안 악화와 의료 시스템 파괴로 시리아의 의료 구호는 거의 마비 상태이다.

이슬람 무장단체는 각 지역마다 활동하고 있다. 2001년 뉴욕 911 사건 이후로 이슬람 테러단체는 알카에다라는 조직을 중심으로 무섭게 성장했고, 미국과 동조하는 서방세계와 동맹국을 대상으로 무참히 테러를 저질러 수많은 인명 피해를 가져왔다.

그로 인한 국민들의 공포는 오랜 시간 지속된다. 더 잔인하고 자극적인 방법으로 테러를 하고 참수를 하는 등 이들의 악함은 말로 다 할 수 없다. 국제 싱크탱크 경제평화연구소(IEP)가 발표한 '세계테러리즘지수 2015' 보고서에 따르면, 2014년 테러로 목숨을 잃은 사람은 3만 2,658명으로 전년도보다 80퍼센트나 급증했다. 100명 이상 사망자를 낸 대규모 테러가 2015년 상반기에만 11차례 발생했고, 전년도에는 26차례나 일어나 1978-2013년 연간 평균치인

4.2회를 크게 웃돌고 있는 실정이다.

더 이상 남의 집 일이 아니다

우리가 다른 데를 보고 있는 동안 이슬람 자본과 문화는 소리 없이 문 앞에 와 있고, 우리가 잠자는 동안 이미 문을 열고 집에 들어와 자기의 자리를 잡고 방에 누워 있다. 그리고 그 자본으로 주인 행세를 할 때가 곧 오게 될 수 있다.

처음에는 아주 작은 틈 같지만 성경의 말씀대로 그 틈을 내어주면 원수는 언제나 들어올 수 있다. 이슬람 자본뿐 아니라 그들의 문화와 종교, 이 모든 것은 하나의 형태로 이루어지기 때문에 이중 하나만 들어오면 다른 것은 자연히 따라 들어와 자리를 잡게 된다.

이미 우리나라의 여러 영역에서 무슬림은 자기의 영역을 넓혀가고 있다. 대학 캠퍼스에서 무슬림 동아리가 등록되어 활동한 지 오래되었고, 모스크가 크고 작은 도시에 들어서 있다. 한국관광공사는 16억 무슬림 관광객 유치를 위해 '무슬림 식당 친화 등급제'를 시범 도입하고 영문 '무슬림 음식 가이드북'을 발간했다.

또한 각 지방 단체장들은 이슬람과의 경제 포럼을 열어 이슬람 자본을 들여오는 것에 합의하고 이슬람 국가 및 공동체를 포함해 전 세계적인 무역 증대와 사업 교류를 추진하기로 했으며, 이슬람 공동체에 대한 투자 및 무역을 유도하기 위해 전 세계의 투자자와 사업

파트너들과의 연계를 활성화하는 것을 목표로 두고 있다고 발표하기도 했다. 우리는 설마 했던 일들을 실제로 직면하게 되었다.

아프간의 한 학생이 한국의 대학에 교환학생으로 왔다. 원래는 일년만 있기로 했는데 학습능력이 뛰어나서 더 오래 한국에서 공부를 하게 되었다. 이 친구는 학교의 기숙사에 있다가 한국말을 더 배우고 한국 가정에서 생활해보고 싶다는 이유로 학교 근처에서 하숙을 하게 되었다. 여러 명의 학생들이 함께 모여서 생활하는 하숙생활은 이 학생에게 재밌고 즐거운 시간이었다.

학생은 부지런했다. 학교에 등교하는 시간은 매일 일정했고 저녁에 들어오는 시간도 일정했다. 술을 마시고 들어온 적도 없고 담배를 피우지도 않는다. 친절한 말투와 예의 있는 행동은 다른 한국 학생들과 충분히 비교될 수 있었다. 항상 솔선수범하고 집안에 어려운 일이 있으면 주인보다 먼저 움직여서 돕기를 자청한다.

시간이 지나면서 하숙집 주인 부부는 이 친구에게 호감을 갖게 되었다. 젊은 친구 중에서 이렇게 착실하고 성실한 학생을 보기 힘들었기 때문이고, 한국 학생들의 무분별한 행동과 일정하지 않는 시간사용 그리고 가끔 몰상식하고 예의 없는 습관들에 익숙했던 부부는 외지의 젊은 청년이 고맙고 기특하기까지 했다.

이 하숙집 부부는 무슬림인 아프간 학생이 매일 정해진 시간에 기도를 하는 경건한 모습을 본 후로 무슬림에 대해서도 호의적인 태도를 가지게 되었다. 그리고 얼마 후 이 부부는 아프간 청년의 전도를 받아 모스크에 나가게 되었다.

어이가 없는 일이지만 실제로 있었던 일이다. 젊은 싱글 자매들은 매너 있고 친절한 무슬림 청년들의 행동에 마음을 뺏기기도 한다. 실제로 그 모습에 넘어가 결혼한 사례도 많다. 그러나 결혼을 하고 남편의 고향으로 가보면 한국에서의 매너와 친절은 온데간데없고 그들의 본성이 드러나 어려움을 겪는 사람들도 여럿 있다.

외국인 노동자들과 그 노동자와 결혼한 한국인 그리고 이슬람으로 개종하는 한국인까지 하면 이슬람은 빠른 시일 안에 한국에 깊게 자리를 잡을 것이다. 무슬림이 또 하나의 경쟁력 있는 종교가 될 수도 있다.

앞으로 20-30년 후에는 이 사회 곳곳에 이슬람 문화와 무슬림들이 공존하게 될 것이고, 앞날이 캄캄한 젊은이들이 무상 학비와 취업을 조건으로 무슬림이 되리라는 정황이 너무 명확하다.

그들이 우리 사회에 들어온다. 그들이 우리의 동료가 될 수 있고, 상관이 될 수 있고, 우리 자녀들의 선생이 될 수 있다. 정계에도 들어가 국회의원이나 장관이 될 수 있다.

"그게 뭐 어때서? 그렇게 함께 사는 거지"라고 생각할 수도 있다. 하지만 정말 그럴까?

아랍의 봄을 기억하는가

나는 아프간에서 종군기자들을 만날 기회가 많았다. 전쟁지역에 들어가 취재하는 기자들, 방탄복과 헬멧 그리고 카메라가 그들이 가지고 있는 전부다. 그것을 가지고 목숨을 걸고 전쟁지역에 들어가 취재를 한다. 가장 위험한 일을 수행하는 사람들이다.

나는 그들을 2003년에 처음 만났다. 특별히 무슬림 지역으로만 다니며 취재를 하는 사람들이었다. 나는 그들의 예리하고 정확한 예견에 놀랐다. 그들은 10여 년 전에 이미 10년 후에 오게 될 무슬림의 변화에 대해 기사를 정리하고 있었다. 이슬람권 국가들의 변화와 그 속에 살고 있는 젊은 세대의 가치관의 충돌을 예상하고 머지않아 강경 이슬람권 국가들을 중심으로 민주화 운동이 벌어질 거라고 추측했다.

무슬림에 대해서는 나도 일가견이 있다고 생각했는데, 당시에는 그들의 말에 동의할 수 없었다. 이슬람은 종교가 아니다. 문화이자 정치이며 교육이고 가정이고 미래다. 한 나라를 만들고 유지하는 데 있어서 이슬람은 처음이자 끝이다. 그러니 강경 이슬람권 국가에서 민주화 운동이라는 사건은 있을 수 없다고 생각했다. 그러나 몇 년 후, 내 생각이 완전히 틀렸음을 알았다.

2009년 6월에 강경 시아파의 성지인 이란에서 반정부 시위가 일어났다. 이란의 삼십 대 이전의 젊은 세대는 이란 대선에서 민주운동가 무사비를 지지했지만 투표에서 부정표가 생기자 대대적인 반정부 반이슬람 항쟁을 일으킨 것이다.

그때 아프간에 있었던 나는 바로 옆 나라에서 일어난 그 상황을 실시간으로 전해 들을 수 있었다. 당시 이란에서는 전 국민 4,800만 명 중 85퍼센트가 투표에 참여했고, 사상 최대 투표율을 보인 그 선거에서 무사비를 지지하고 투표한 지지자는 3분의 1이나 되었다. 그들은 삼십 대 이하, 즉 젊은 세대였다.

이슬람 강경 정권은 이들의 주장을 불법으로 여겼고, 이로 인해 피비린내 나는 항쟁이 벌어졌다. 이란 정부는 외부에 알려지지 않게 하려고 미디어를 통제하고 무차별 폭력으로 이들을 진압했지만, 항쟁은 더욱 커졌고 많은 젊은이들이 거리에서 죽어갔다.

전 세계는 발칵 뒤집혔고, 특히 아랍권 국가들은 초긴장 상태에 들어갔다. 아니나 다를까, 그 이후로 2011년 1월 북아프리카 튀니지에서 '아랍의 봄'이라고 하는 민주화 운동으로 벤 알리 대통령을 집권 24년 만에 물러나게 했고, 이집트 대통령 호스니 무바라크와 리비아의 국가 원수 무아마르 카다피 등 20-40년간 장기 집권을 하던 독재자들이 차례대로 축출되는 엄청난 일이 강경 이슬람 국가에서 벌어졌다. 북아프리카에서 시작된 이 엄청난 이슬람권의 민주화 운동은 누구도 상상할 수 없었던 초유의 사건이었다.

그 이후 예맨과 시리아 등 다른 강경 이슬람권에 '아랍의 봄' 바람이 불었고, 젊은 층을 중심으로 오랫동안 장기 권력을 누린 대통령들이 물러나는 사건들이 일어났다. '아랍의 봄'은 지역 전체 인구의 40퍼센트가 넘는 빈곤층, 3명 중 1명이 실업자인 청년층의 분노가 그 배경이었다. 특히 청년층은 전체 인구의 3분의 1을 웃돌 정도로 유난히 파급력이 컸다.

5년이 지난 지금까지도 아랍 지역은 여전히 테러와 국론 분열로 얼룩져 있다. 독재 정권이 사라진 자리에서 테러 세력의 확대와 종파·부족 간 권력 싸움이 터져 나오고 있기 때문이다. 주민들은 살기가 더 팍팍해졌고 '아랍의 봄'이 '겨울'이 됐다는 분석까지 나올 정도다.

이와 같은 아랍 세계의 변화는 이미 오래전부터 예상된 일이었다. 종군기자들은 이미 이 일들을 예상하고 있었고, 그들은 미래를 위해 미리 정보를 가지고 기사화했다. '아랍의 봄'의 새 물결 이후로 아랍 국가는 새로운 시대를 기대했지만 분열과 종족 및 종파 갈등은 더욱 심해졌고, 그들의 봄은 멀기만 해 보인다.

다음 세대를 준비시켜야 한다

미래의 이슬람 국가는 급변하는 젊은 세대의 이슬람화를 위해서 계속적인 투자와 정신, 종교 교육을 할 것이다. 그중에 하나가 서방세계의 이슬람화 그리고 적대세력인 미국의 붕괴이다. 이것이 기존의 이슬람 강경파가 다음 세대에 전해줄 유산이고 삶의 목적이자 미래이다.

그들에게는 기름, 즉 자본이 있다. 그리고 증오와 영웅정신으로 무장한 테러단체가 있다. 오일 자본으로 각 나라의 경제와 사회에 들어가고, 테러로 강한 힘을 과시한다. 나라의 무능력과 무관심으로 절망과 원망으로 가득한 이슬람 젊은이들은 조작된 영웅심에 넘어가 막막한 미래를 위해 IS나 알카에다 같은 무장단체에 가입하여 전사가 되고자 한다. 전사가 되어 이슬람의 명예도 높이고 미국과 유럽을 정복하는 성스런 전쟁의 영웅이 되겠다는 것이다.

또한 젊은이들은 각 나라의 근로 정책에 의해 여러 비이슬람 국가들로 파견되고, 비이슬람 국가로 국비 장학생으로 유학을 가기도 한다. 또한 현지 여성들과의 적극적인 결혼을 성사시켜 가정을 이루기도 한다.

이런 일들은 지금 현재 일어나고 있는 일이다. 이제 앞으로 10년 후에는 전 세계 비무슬림 국가에 무슬림들이 안 들어간 곳이 없을 거라고 한다. 그들의 자녀들은 더욱 많아지고 우리의 자녀는 적어질 것이다.

비이슬람권 국가이지만 인구 비율에서 무슬림을 따라갈 수 없게 될 것이다. 그렇게 되면 우리의 다음 세대, 그 다음 세대에는 무슬림 인구가 절반이 넘을 수도 있다. 물론 인정하고 싶지 않은 일이고, 이런 일이 안 오기를 바란다.

지난 10년 간 전 세계에는 많은 변화가 있었다. IT 강국의 면모를 자랑하며 최첨단 테크노피아를 꿈꾸고 그 혜택을 누리며 사는 사람들이 많아졌는가 하면, 한쪽에서는 순진한 아이들에게 전쟁을 준비시키기도 한다. 자기 땅이 싫어 꿈을 가지고 남의 땅에 들어가려 하는 수백만의 난민들은 매일같이 그 숫자가 늘어나고 있다.

시간이 지날수록 세상에 사는 사람들은 더 평화롭고 안정되게 살아야 하는데, 지금의 현실은 그렇지 않다. 지구는 불안하다. 이 땅에 사람들은 내일을 모르고 산다.

어디 그뿐이겠는가? 우리 사회의 젊은 세대들은 미래를 포기하며 살고 있다. 직장, 결혼, 육아 모든 게 쉽지 않은 시대에 살면서 돈이 전부이고 돈이 모든 것이 되었다. 젊은 세대는 빚에 시달리며 미래를 꿈꿀 수 없게 되었다. 힘들고 어렵게 교육을 받고 사회에 나오지만 취업의 문도 통과할 수 없는 어려운 상황이다. 한숨과 한탄이 쉬지 않고 터져 나온다.

이러한 때일수록 우리는 미래를 준비해야 한다. 다가올 미래, 우리의 다음 세대가 살아가야 할 시대를 준비해야 한다.

슬프고 아프다 내 마음속이 아프고 내 마음이 답답하여 잠잠할 수 없으니 이는 나의 심령이 나팔 소리와 전쟁의 경보를 들음이로다 렘 4:19

선지자는 답답한 마음을 전한다. 전쟁의 소리, 즉 외부에서 호시탐탐 노리는 원수의 모습을 보면서, 전쟁을 준비하고 있는 그들의 나팔 소리와 전쟁의 경보를 들으며 그의 마음은 더욱 아프고 답답하여 잠잠할 수 없었다. 앞으로 닥칠 민족의 미래가 뻔히 보이는데, 정작 성 안에 있는 내 민족은 그 나팔 소리와 전쟁의 경보를 듣지 못하고 있기 때문이다. 적들이 소리 없이 들어와 민족의 약점과 연약한 곳을 가차 없이 친다면 내 민족은 조용히 잠들 수밖에 없다.

선지자는 바벨론의 침략을 미리 예고하고 경고하며 하나님의 예언을 대언한다. 누가 그 말을 듣고 전쟁을 준비할 것인가?

주님은 우리 민족을 불쌍히 여기셔서 오랜 전쟁과 식민지 시대를 거치고 주변 국가의 무참한 침략이 있었음에도 그 모든 시련을 이기고 오늘의 번영을 이루게 해주셨다.

그러나 지금 우리는 또 한 번의 큰 위기 앞에 놓여 있다. 주께서 이 민족에게 은혜를 베풀어주시기를 간절히 원하지만, 우리가 그 소리를 듣고 겸비하여 무장하고 깨어 정신을 차리지 않으면 우리는 다른 나라들처럼 영적인 거지가 될지 모른다.

이 상태로는 전쟁에 대비할 수 없다. 나는 적을 무서워하지 않는다. 다만 적의 침략에 아무런 준비가 없는 우리가 무섭다. 우리 공동체는 다시 살아나야 한다. 말씀은 물론이고, 믿는 사람 모두가 선교사가 되지 않으면 안 되는 시점에 와 있다. 성령의 권능이 필요한 시대다.

교회가 말씀으로 회복되어야 한다. 성도들은 성령으로 충만해야 한다. 이제는 모든 성도가 믿음으로 선교사의 삶을 살아야 한다.

우리 자녀를 거룩하게 키우고, 복음이 그들 삶의 전부가 되게 해야 한다. 세상과 경쟁하는 것이 아니라 세상에서 소금이 되게 해야 한다. 불의와 불법에서 떠나야 한다. 거짓과 속임에서 돌아서야 한다.

타협을 버리고 복음으로 돌아가야 한다. 공의와 정의가 살아나도록 해야 한다. 우리 다음 세대를 살릴 길은 바로 지금을 사는 우리가 바로 서는 것이다.

chapter 11

이 시대의 므낫세

유다 왕 히스기야의 아들 므낫세가 예루살렘에 행한 것으로 말미암아 내가 그들을 세계 여러 민족 가운데에 흩으리라

예레미야서 15장 4절

므낫세는 히스기야 왕의 아들로 12세에 왕위에 올랐다. 아직 한 나라를 다스릴 만한 왕으로 준비되기엔 턱없이 모자란 나이다. 그 어린 나이에 왕이 되어서 유다 역사상 가장 많은 이방 종교와 우상을 들여와 그 땅을 더럽고 혼잡하게 했으며, 아버지 히스기야 왕이 헐어버린 산당을 다시 세우는 악을 도모했다. 그가 유다를 지배하는 동안 유다는 그야말로 귀신 왕국이었다.

도대체 무슨 생각으로 이런 엄청난 잘못을 저질렀을까? 누군가의 꾐에 빠진 것인지 아니면 사탄의 영에 사로잡혀 스스로 그런 일을 행한 것인지 알 수 없지만, 어떤 왕보다 하나님을 배신하고 성전을 더럽힌 왕이다.

그의 아버지 히스기야는 병들었을 때 기도함으로 15년의 삶을 연장 받은 왕이었다. 므낫세는 히스기야가 15년간 연장 받은 삶을 살 때 낳은 아들이다. 만약 히스기야의 기도가 응답 받지 못했다면 므낫세는 태어날 수 없었다. 그렇다면 유다의 역사는 어떻게 되었을까?

므낫세가 히스기야 다음 왕이 되지 않고 다른 인물이 왕이 되었다면 오늘날 예레미야서 15장 4절 말씀은 성경에 없었을지 모른다. 다른 인물이 대신했을지도 모르나 최소한 므낫세 왕의 이름은 없었을 것이다. 므낫세 한 사람의 죄가 유다 백성 전체의 죄가 되고, 그 죄가 번져 하나님의 진노를 사고 재앙을 받기까지 유다의 역사는 비극으로 치닫고 있다. 그것을 보며 이런 생각이 들었다.

'차라리 하나님이 히스기야의 기도를 듣지 않으시고 그의 생명을 그대로 거두어가셨다면 유다 역사에 이런 비극적인 일이 일어나지 않았을 텐데, 하나님의 불같은 진노와 재앙도 없었을 테고 하나님에 대한 유다의 배신과 아픔도 없었을 텐데.'

마치 이런 일이 있을 것을 아시면서도 모든 고통을 감내하시면서 하나님이 히스기야의 기도를 들어주기로 선택하셨다는 마음이 들었다. 그러면서 히스기야를 살리신 하나님의 마음이 알고 싶었다.

므낫세를 만든 히스기야

히스기야는 유다의 다른 어떤 왕보다 여호와 앞에서 정직히 행한 왕이었다. 종교개혁을 단행하고 아버지 아하스가 세운 모든 산당을 헐고 하나님께 돌아온, 다윗의 길로 행한 몇 안 되는 유다의 왕이었다.

히스기야는 아버지의 길을 따르지 않았다. 이것이 하나님이 그의 기도를 들으신 이유다. 수많은 왕들이 하나님을 떠나고 그분의 계명을 무시하고 이방신을 들여와 백성으로 죄를 짓게 했을 때 하나님은 다윗을 생각하셨다. 많은 왕들이 하나님에게서 눈을 돌릴 때, 그들이 우상을 섬기고 산당에서 그들에게 절할 때도 하나님은 여전히 다윗을 생각하셨다.

다윗의 대가 끊어지지 않도록 하는 것이 하나님이 그에게 하신 약속을 지키는 것이고, 그 혈통에서 예수님이 나셔야 했기 때문이다. 하나님은 다윗을 기억하시며 많은 왕들의 배신을 참고 또 참으셨으며, 기다리고 또 기다리셨다.

히스기야는 다윗의 길로 행하며 하나님의 마음을 흥분시키기에 충분했다. 히스기야가 다윗처럼 하나님을 사랑하고 예배하며 순종하진 못했지만, 그래도 다른 왕들과 비교한다면 하나님을 숨 쉬게 한 왕이다. 하나님이 백성에게 받으셔야 할 영광과 예배가 다시 드려졌다. 잊혔던 하나님의 계명과 율법을 찾고 절기를 기념했다. 오랫동안 버려졌던 하나님의 존재가 그들 가운데 인식되기 시작했다.

하나님은 오랫동안 이날을 기다리셨다. 오랜 시간 참으셨다. "이 백성은 내가 나를 위하여 지었나니 나를 찬송하게 하려 함이니라"(사 43:21)라는 말씀이 이루어지는 순간을 맞이하셨다. 아주 미세하지만 히스기야는 하나님에게로 돌아가고 있었고, 그것이 하나님의 마음을 기쁘시게 했다. 그런 그가 병들었을 때 벽을 향하고 드리는 기도를 거부할 수 없으셨다.

어느 집에 네 명의 아들이 있다고 하자. 그중에 세 명의 아들은 패역하여 아버지의 재산을 훔쳐 집을 떠나 허랑방탕하게 살면서 돌아오지 않고, 남은 한 명의 아들만 아버지 곁에서 아버지를 돌보고 있었다. 아버지는 세 명의 아들의 생사가 걱정되어 밤잠을 설쳐가며 아들들이 정신을 차리고 돌아오기를 간절히 기다렸을 것이다. 그러면서도 곁에 있는 한 아들을 보며 위로를 받았을 것이다. 한 아들이라도 아버지를 떠나지 않고 옆 자리를 지키고 있는 것이 고맙고 대견했을 것이다.

히스기야는 어쩌면 아버지 옆에서 그의 자리를 돌보고 있는 아들과 같지 않았을까? 그래서 히스기야의 기도를 들어 그 삶을 15년 더 하신 게 아닐까 생각해본다. 어쩌면 므낫세가 태어나서 또다시 하나님의 마음을 창으로 찌르듯이 아프게 할지라도 하나님은 히스기야의 기도를 들어주셨다고 생각하고 싶다. 그런 하나님의 마음을 히스기야가 알았을까?

15년의 삶을 덤으로 받은 히스기야는 결국 기고만장해서 일을 저지르고 만다. 그의 병이 완쾌된 것을 축하하러 온 바벨론 사신에게 왕궁의 이곳저곳과 창고 등을 다 보여주며 자랑한 것이다. 병이 나은 것에 대한 흥분된 마음이 있어서 절제를 못했는지 아니면 자기가 다스리는 나라가 얼마나 강대하고 가진 게 많은가 자랑하고 싶었는지 알 수 없지만, 이 일이 있은 후에 하나님은 바벨론이 들어와 왕궁에 있는 모든 것을 빼앗아가고 후손들이 포로가 될 것임을 예언하셨다.

그때 히스기야는 "내 세대에는 평안함과 견고함이 있으니 그것이 좋다"(사 39:8 참조)고 한다. 다시 말하면 지금 내 세대만 좋으면, 내 세대만 태평하면 내 후손들이 바벨론의 포로가 되든, 왕궁의 모든 물건이 바벨론의 손에 빼앗기든 아무 상관없다는 말이다.

다음 세대에 대한 무관심, 그것이 히스기야의 마음이었다. 그런 히스기야가 죽고 나서 12세였던 므낫세가 왕이 되었다. 히스기야가 아들에게 과연 무엇을 가르칠 수 있었겠는가?

자기만 생각하는 기성세대로 살아간다면, 교회에 충성하고 믿음이 있어서 산당을 제하고 예배를 회복하고 말씀을 중심으로 살기는 하지만 다음 세대를 생각하지 못한다면 우리에게 미래는 없다.

히스기야는 자기 생명을 위해서는 벽을 향해 통곡하며 부르짖었지만 자기 자녀와 다음 세대에 위해서는 아무런 부르짖음도 없었다. 자기 세대만 태평하고 평안하면 된다는 생각, 그 생각이 므낫세를 낳고 하나님나라에 온갖 귀신들을 끌어들이는 죄의 우두머리가 되게 한 것이다.

히스기야에 대한 하나님의 애틋한 마음, 그럼에도 불구하고 다음 세대를 준비하지 못한 히스기야 세대의 비극, 이 모습이 어쩌면 지금 우리의 모습인지도 모르겠다.

아들들의 죄를 키운 엘리

우리는 성경에서 성숙한 하나님의 선지자나 제사장 혹은 왕과 같이 하나님의 기름 부음을 받고 사역한 사람들의 다음 세대가 너무 쉽게 타락하고 성결을 잃어서 하나님의 징계를 받은 사실을 보게 된다.

대표적인 예가 아론의 두 아들이 하나님이 원하시는 불로 제사를 드리지 않아 제사장으로서의 거룩함을 잃고 하나님의 징계를 받은 것이다. 또 엘리의 두 아들이 있다. 성경은 엘리의 아들들을 "행실이 나빠 여호와를 알지 못하더라"(삼상 2:12)라고 소개한다. 이 한 마디로 엘리의 아들들이 어떤 인물이었는지 알 수 있다.

이들은 하나님이 가장 소중하게 생각하시는 제사를 업신여겼다. 제사를 드리러 오는 사람들은 짐승을 잡아 기름부분은 태우고 살부분은 제사를 드린 후에 삶아서 제사장과 성소를 관리하는 사람들에게 나누게 되어 있었다.

레위기는 짐승을 잡은 후 어떻게 나누어야 하는지 정확하게 기록한다. 그런데 엘리의 두 아들은 삶은 고기를 나누기도 전에 갈고리에 걸려 나오는 것을 자기의 것으로 취할 뿐 아니라 제사를 드리러 오는 사람들이 제물을 태우기도 전에 제사장에게 구워 드릴 고기를 강제로 빼앗기도 했다. 두 아들의 행실은 탐심과 욕심으로 가득했다. 성경은 이들을 향해 "이 소년들의 죄가 여호와 앞에 심히 큼은 그들이 여호와의 제사를 멸시함이었더라"(삼상 2:17)라고 말한다.

그들의 행실은 이에 멈추지 않고 거룩한 회막 문에서 수종 드는 여인들과 동침하면서도 그 일을 부끄럽게 생각하지 않았다.

두 아들의 행실을 생각하면 어이가 없지만, 그보다 더 주의 깊게 보게 되는 것은 엘리 제사장이 두 아들의 죄를 가볍게 여기며 그들에 대해 너무 관대했다는 점이다. 성경은 제사장 엘리의 눈이 희미했다고 말한다. 나이가 들어 눈이 희미하기도 했지만 성경의 의미는 그에 그치지 않는다고 생각한다.

눈이 희미하다는 것은 영적인 모든 감각이 희미하다는 것이다. 그는 기도를 하러 올라온 한나가 술에 취했다고 여겼다. 그의 영적 감각은 그만큼 희미했고, 아들들의 죄에 대해서도 희미하게 대처했다. 그에게는 하나님이 보시는 죄의 눈이 없었다.

장성한 아들들은 아버지의 말을 더욱 듣지 않았다(삼상 2:25). 죄가 그들을 주장하기 때문이다. 하나님의 사람이 엘리를 찾아 "네 아들들을 나보다 더 중히 여겨 내 백성 이스라엘이 드리는 가장 좋은 것으로 너희들을 살지게 하느냐"(삼상 2:29)라고 하나님의 말씀을 전했지만, 엘리는 그 아들들의 죄를 타일렀을 뿐, 징계하고 경계하며 엄하게 다스리지 않았다. 그는 하나님보다 아들을 더 중하게 여겨 아들들의 망나니 같은 행위를 묵인하고 그들에게 죄의 무서움을 가르치지 않았다. 영적인 눈이 흐려져 분별력을 잃은 엘리로 인해 자신도, 자녀도, 그의 후손도 모두 하나님의 손에서 밀려나게 된다.

그렇다고 회초리를 들고 자녀가 무엇을 잘못하는지 항상 감시하는 무서운 부모가 되라는 말이 아니다. 부모는 자상해야 한다. 그러나 그 자상함 속에 하나님을 경외함이 함께 존재해야 한다고 생각한다. 많은 부모들이 관용과 징계의 때를 모르는 것 같다. 때로 우리는 실수에 대해 단호하고 죄에 대해서는 관용한다.

아이들은 나쁜 일을 더 빨리 배운다. 작은 거짓말이 점점 커지면 그것이 죄를 만드는 것이다. 부모가 죄에 대해서 눈이 희미해지면 자녀를 하나님보다 더 중히 여기는 엘리와 같은 실수를 범하게 된다.

실수에 대해서는 관용해야 하고 죄에 대해서는 단호해야 하는 것이 부모의 역할이다.

우리가 먼저 바로 서야 한다

성경에는 건강한 신앙을 가진 부모의 자녀도 타락하는 모습이 나오고, 다음 세대의 변화에 대해서 부모의 세대가 감지하지 못하는 일도 벌어진다. 부모가 건강하다고 모든 자녀가 다 건강하다는 말은 아니다. 내 주위에는 자녀의 문제로 아파하고 통곡하는 부모가 많이 있다. 어쩌면 나도 그들 중에 속할지 모른다. 그럼에도 불구하고 부모는 하나님이 주신 자녀의 선지자요 제사장이다. 기성세대가 다음 세대에 대한 깨어진 마음을 잊으면 우리 자녀의 세대는 더 많이 깨어지게 될 거다.

나는 한국의 어느 교회에서 목사님의 비전(신앙명문가를 세우는 아.이.야 전도운동)을 듣고, 이것이 우리 가정과 교회에서 가장 먼저 회복되어야 할 과제라고 생각했다. 큰 아비 세대인 아브라함과 중년 세대인 이삭, 다음 세대인 야곱이 세대를 넘어 하나님의 놀라운 축복과 약속을 가지고 살아가는 것이다. 하나님으로부터 오는 건강한 영적 유산의 영향력을 그 다음 세대에게 넘기고, 또다시 그의 아들의 세대, 자녀의 세대로 흘러가도록 하나님의 통로가 되어야 한다는 것이다.

이것이 하나님이 세우신 건강한 가정 교회의 시작이다. 하나님의 축복과 언약이 아브라함, 즉 아비의 세대로부터 아래로 흘러갈 수 있도록 통로의 역할을 해야 한다. 만약 한 세대의 통로에 이물질이 끼고 더러움으로 녹이 슬게 된다면 그 다음 세대부터는 녹물만 마시게 될 것이다.

그래서 우리 세대의 아비들이 영적인 분별력을 잃어 눈이 흐려진다면 우리는 므낫세를 만들고 있는 것이다. 다음 세대를 위해 기성세대가 해야 할 수많은 일들 중 하나는 자녀들에게, 특히 어린 시절부터 죄에 대해 단호하고 무섭고 엄하게 경계하는 것이다. 그러기 위해서는 우리가 먼저 하나님을 경외함으로 죄를 미워해야 한다.

지금 이 시대의 므낫세는 부모가 만들고 있음을 기억해야 한다. 우리는 다음 세대의 소리를 들어야 한다. 그 소리를 분별하고 우리의 다음 세대가 제2의 므낫세가 되지 않기를 주 앞에서 부르짖고 통곡해야 한다.

아브라함도 이삭도 야곱도 대를 이어 하나님의 축복의 통로로서의 인생을 살았다. '아.이.야의 신앙 세대의 회복', 이것이 우리의 가정과 교회, 우리의 다음 세대가 살 길이다.

chapter 12

집을 떠난 사람들

바울이 일어나 손짓하며 말하되 이스라엘 사람들과 및 하나님을 경외하는 사람들아 들으라 이 이스라엘 백성의 하나님이 우리 조상들을 택하시고 애굽 땅에서 나그네 된 그 백성을 높여 큰 권능으로 인도하여 내사 광야에서 약 사십 년간 그들의 소행을 참으시고 가나안 땅 일곱 족속을 멸하사 그 땅을 기업으로 주시기까지 약 사백오십 년간이라

사도행전 13장 16-19절

기상변화로 비가 내려야 하는 우기인데도 한낮 온도가 42-46도를 오르내리고 있다. 덕분에 전기가 없는 이곳에서는 종일 사우나를 해야 한다. 이때쯤이면 병원마다 말라리아나 장티푸스 환자들이 줄을 서곤 하는데 비가 안 오니 병원마저 한산하다.

지금은 시대의 변화도 분별하지 못하고 날씨의 변화도 분별할 수 없는 세대다. 모든 게 인간의 예상대로 움직이지 않는다. 거짓말하지 않는 자연도 인간의 파괴로 바뀌어가고 있기 때문이다. 사람들이 창조주의 섭리를 잊고 살며 그 질서를 깨뜨리면서 이 세상은 한 치 앞을 볼 수 없게 되었다.

이런 와중에 열방은 점점 험악해지고 무고한 사람들은 보따리 하나 짊어지고 자기 나라를 떠나 먼 길을 가고 있다. 그중 대부분은 가고 싶은 땅에 도달하지도 못하고 자기의 고향으로 돌아오지도 못한 채 인생을 마감하기도 한다.

떠나는 사람들

"EU에는 유럽도 없고 연합도 없다."

지난 2015년 9월 9일 유럽연합 국정연설에서 있었던 장 클로드 융거 EU 집행위원장의 발언이다. 난민의 신분으로 중동과 아프리카에서 유럽으로 이동한 사람들이 백 만을 넘겼다고 한다. 제2차 세계대전 이후로 최고의 난민 인구다. 그중에 50퍼센트 이상은 IS가 지배하고 있는 시리아 난민들이 대부분이고, 아프간과 이라크, 서아프리카와 네팔, 리비아, 남수단 등 전 세계에서 전쟁과 가난, 자연 재해를 피해 유럽으로 가는 난민선을 타고 무작정 지중해를 건너는 사람들로 넘쳐나고 있다.

대다수의 난민들은 많은 돈을 주고 위험한 해상경로를 이용하다 보니 해상사고로 실종되거나 싸늘한 주검이 되어 나타나기도 한다. 그중 대부분은 북아프리카에서 이탈리아로 이동하는 중에 사고를 당해 죽음을 당했고, 또 다른 경로인 터키에서 그리스로 가다가 배가 전복이 되기도 한다. 수많은 난민들이 어려운 길을 떠나 바다를 건너다 변을 당하고 있으며, 난민 문제는 이제 어느 한 나라에 국한되지 않는 국제적인 문제가 되었다.

2015년 9월 2일, 전 세계에 난민의 처절함을 알린 사진 한 장이 우리의 마음을 흔들었다. '아일란 쿠르디'라는 시리아 세 살짜리 어린아이가 부모와 가족의 손에 이끌려 터키 해안을 건너려다가 배가 뒤집히면서 아버지만 살아남았다. 이 아이의 시신이 해안가에 떠밀려 내려와 있는 것을 한 기자가 찍어 보도하면서 세상에 알려지게 된 것이다.

이 한 장의 사진은 내전과 기근의 중동과 아프리카 난민들의 처절하고 끔찍한 상황을 대변했고, 여론에 의하여 유럽 연맹은 난민 수용 정책을 낼 수밖에 없었다.

서방 언론에서는 매일같이 하루도 빠짐없이 난민들의 상황을 다룬다. 미국과 유럽은 인구 정책과 경제 상황 등을 고려해 부분적으로 난민들을 수용하지만, 난민들의 증가를 포용하기에는 그 수용 폭이 너무 적다는 게 문제다. 이미 터키와 레바논, 요르단은 이웃 나라의 난민을 수용하는 데 한계에 다다르면서 더 이상 난민에게 문을 열어놓을 수 없게 되었다. 불안하고 미래가 없는 자기 나라를 떠나는 인구는 줄어들 기미가 보이지 않고 그 많은 난민들이 정착할 땅은 굳게 닫혀 있는 실정이다.

얼마 전 프랑스에서 있었던 동시 다발 테러는 그 용의자들이 모두 난민을 가장해 들어온 무장 조직이었고, 그 결과가 유럽과 미국의 난민 정책을 또다시 원점으로 돌아가게 했다. 또한 무슬림에 대한 경계와 방어가 더 강해지는 계기가 되었다.

자기의 고향을 떠나 타향살이를 선택하는 건 쉬운 결정이 아니다. 직업이나 학업을 위해, 삶의 질의 향상을 위해 스스로 선택하여 고향을 떠나는 사람들도 있지만, 난민은 그것과 상관없다. 삶의 기본이 무너진 자기 터전을 떠나 아무것도 준비되지 않은 새로운 땅으로의 탈출이다.

시리아에서는 아홉 살짜리 아이가 부르카를 쓰지 않고 다녔다는 이유로 태형 백 대를 맞아야 하는 벌을 받았다. 아버지는 코란 어디에 아홉 살짜리 여자아이가 부르카를 쓰지 않았다는 이유로 태형을 받아야 한다고 되어 있는지 항변하며 통곡했지만 결국 아이는 칠십

대의 태형을 맞았다. 아이는 죽을 만큼의 고통을 감수해야 했고, 부모는 아무 도움도 되지 못했다. 그런가 하면 청소년들이 게임기를 가지고 함께 게임을 즐겼다는 것이 태형의 이유가 되기도 한다. 코란을 내세워 공포정치를 하는 강경 무슬림들의 무력에 더 이상 사람들이 발붙일 곳이 사라진 것이다.

"저는 시리아 사람입니다. 지난해 두바이에서 직업을 잃고 비자가 만료되면서 갈 곳이 없어졌습니다. 시리아로 돌아가면 죽임을 당하거나 누군가를 죽여야겠지요. 그래서 유럽으로 가야겠다고 결심을 했습니다. 시리아인들이 터키에 갈 때는 비자가 필요 없어서, 먼저 터키로 가서 유럽의 이탈리아로 가는 여러 가지 방도를 찾았습니다.

저는 터키 남동부 연안 부두 메르신에 갔습니다. 거기서 브로커를 만나 6,500달러를 지불하고 배가 오기를 기다리며 매일 대기했습니다. 어느 날 브로커의 전화를 받고 한 장소로 나갔더니 사람들이 모여 있었고, 보트를 타기 위해 농장을 지나 험한 길을 30분 이상 걸어갔습니다. 충분한 물도 없이 4일을 지내며 나머지 난민을 기다렸다가 두려움을 안고 보트에 몸을 실었습니다.

출발한 지 8시간 만에 엔진이 고장 났고 절벽에 부딪치며 항로를 잃고 표류하다가 키프로스섬 초계함에 발견되어 다시 터키로 돌아올 수밖에 없었습니다.

저는 돌아오자마자 다시 유럽으로 가는 배를 탔습니다. 감옥과 같은 시간이었습니다. 물도 음식도 화장실도 없이 짐짝처럼 취급받으며 바다를 건너야 했습니다. 다른 보트들이 지중해 바다에 침몰하고 수많은 희생자들이 생겼다고 들었지만 다시 시리아로 돌아갈 수 없는 우리는 죽음을 무릅쓰고 배를 탈 수밖에 없었습니다."

독일에 거주하는 한 난민이 자신의 탈출 과정을 설명했다.

헝가리는 최근 쏟아지는 난민들을 막기 위해 남부 세르비아 국경에 175킬로미터의 철조망 장벽을 세웠다. 육로로 이동하던 난민들의 시신이 하루에도 수십 구씩 발견된다. 중동에서 터키로, 그리스, 헝가리, 오스트리아, 독일로 가는 이들의 발걸음은 죽음의 길이다. 살아서 이 장벽을 넘어 새로운 땅으로 들어간다고 해도 이들에게 주어지는 삶은 '강경 무슬림 나라에서 온 난민'이라는 수식어가 붙어 사람 대접 받으며 사는 게 쉽지 않다.

서방세계의 뜨거운 감자

내가 사는 이곳에도 차를 타고 10분 정도만 가면 유엔 캠프가 있다. 지난해 반군의 공격으로 무고한 시민 수만 명이 목숨을 잃었고 짧은 시간 내에 나라는 마비가 되었다. 거리에서 들리는 총성과 사람들의 비명 소리에 가슴을 쓸어내리며 공포와 싸워야 했고, 사람들은 내전의 공포와 두려움을 피해 유엔 캠프로 피신했다.

총성은 멎었지만 이들은 다시 자기의 땅, 얼마 전만 해도 피비린내 나는 싸움의 현장으로 돌아갈 엄두를 내지 못한다. 그래서 지금도 유엔 캠프 안에는 수만 명의 지역 난민들이 텐트를 치고 유엔에서 제공하는 식사를 하며 살고 있다.

자녀들이 공부할 학교도 없고 필요한 것을 자유롭게 구입할 시장도 없다. 그저 매일같이 제공되는 간단한 식사를 하며 지내지만, 아직도 식지 않은 내전의 두려움이 살아 있는 자기의 고향보다 낫다는 것이다.

고향이 있고, 그곳에 터전이 있지만 돌아갈 수 없는 사람들, 그렇다고 그들을 환영하며 받아주는 곳도 많지 않다. 죽음의 터전에서 새 삶의 터전으로 목숨을 걸고 떠나는 사람들을 보면 그 고통과 아픔을 보게 된다. 짐 보따리 하나가 그들의 모든 것이다. 그들을 보니 아이를 업고, 안고, 작은 보따리 하나 들고 피난길에 오르던 우리의 부모님들의 모습이 담긴 빛바랜 영상이 떠오른다.

지금 우리는 난민의 아픔을 모르지만, 오래전 우리도 식민지였고, 전쟁을 치렀던 아픈 상처와 역사의 기억을 가지고 있다. 우리도 난민이 되어서 더 잘사는 나라, 전쟁이 없고 자유가 주어지고 땀을 흘리면 흘리는 대로 대가를 받을 수 있는 곳으로 옮기고 또 옮겨 갔다. 그 덕에 지금은 전 세계 어느 나라건 우리 민족이 없는 곳이 없다. 추운 겨울 북쪽에서부터 밀려오는 중공군에 의해 수많은 피난민들이 배에 오르겠다고 추운 바닷물에 뛰어들었고, 그나마도 배에 타지 못한 사람들은 발을 구르며 가족들과 생이별을 하게 되었다. 우리는 지금도 이산가족의 아픔을 가슴에 두고 있다.

무슬림 국가의 난민 정책은 이제 서방세계의 뜨거운 감자가 되었다. 매년 몰려드는 아프리카, 중동의 난민들. 그들의 인권을 생각하는 나라들은 지금도 진통을 겪고 있다. 살겠다고 찾아온 손님들을 받아들일 수도, 돌려보낼 수도 없어 매일같이 희생자들만 남기고 있다. 모두가 사람과 나라, 미래에 관련된 문제다.

지금 이 시대에서 우리는 난민 문제를 어떻게 봐야 할까? 난민은 하나님의 뜻인가? 영적으로 이 현실을 생각해보려 하지만 여전히 미지수다. 우리나라는 아직 유럽과 같이 난민들의 문제가 심각하진 않지만, 매년 난민을 신청하는 사람들의 수가 증가하고 있다는 소식이 들리고 있으며, 이 문제는 지금보다 더 심각해질 것이다.

그 길을 통해서도 부르시는 하나님

이스라엘 민족은 애굽에서 노예로 사백 년 이상을 살면서 자기의 땅이 아닌 다른 민족의 땅에서 종으로 사는 고통과 서러움을 고스란히 감수해야 했다. 처음엔 야곱의 열두 아들이 시작이었다. 애굽의 총리가 된 요셉은 이스라엘 민족사에 큰 의미를 부여했다. 그들은 원해서 애굽으로 들어온 게 아니고 요셉의 요청이 있었고, 거기에는 오래전부터 준비하신 하나님의 섭리가 있었다. 난민이 아닌 손님으로 그 땅에 들어간 게 그 시작이다. 그러나 요셉이 죽고 시간이 흘러 인구가 늘면서 이스라엘은 고향이 없는 나라, 자기 땅이 없는 민족이 되었다. 그 슬프고 아픈 오랜 시간의 역사로 말미암아 미래도 불투명해졌다.

그러나 하나님의 때에 하나님은 이 민족을 이동시키셨다. 어쩌면 이들은 광야를 지나 가나안이라고 하는 새로운 땅에 이주하는 난민일 수 있다. 광야에서의 40년은 죽음의 시간이었고, 이스라엘을 이스라엘답게 만들어 놓은 시간이었다. 그들이 들어갈 새로운 땅에서의 삶의 원칙들을 배우고 한 나라가 태동된 시간이었다.

첫 세대는 광야에서 죽고, 그 다음 세대가 하나님이 약속하신 땅에 들어가게 된다. 아마도 성경에서 말하는 것처럼 애굽의 400년과 광야의 40년은 하나님이 이스라엘을 위해 기다리신 시간이었을 것이다. 그러는 동안 이스라엘의 여러 세대가 지나가고 많은 사람들이 죽어갔다. 이스라엘은 결국 가나안에 들어갔고, 그곳에서 자기의 땅을 일구고 터전을 잡는다.

이스라엘이 가나안에 들어가기까지 가나안 족속은 이스라엘을 환영하거나 기쁘게 받아들이지 않았다. 낯선 민족이 자기 나라에 들어와 사는 것을 환영하는 국가는 없다. 그것도 수백만을 이끌고 자기 땅으로 들어온다는 것은 땅을 빼앗길 것이라는 두려움과 불안감, 극한 긴장감을 초래하기 때문이다. 하나님은 뜻을 굽히지 않고 처음 약속처럼 이스라엘이 가나안을 정복해 가도록 하셨다.

나는 난민들의 모습이 그때 애굽에서 나온 이스라엘의 모습과 사뭇 흡사하다고 생각한다. 살기 어려운 땅에서 새 소망을 가지고 새 땅을 향하지만 그 땅을 향해 가는 길은 결코 쉽지 않다. 많은 희생과 아픔이 동반되고 들어가려는 사람들과 그것을 막는 사람들의 소리 없는 전쟁이 끊이지 않고 있다. 들어가기 위해 기다리며 절규하는 사람들은 목숨을 걸고 들어가려 하지만, 그들은 사회적 약자다. 하나님은 지금 수많은 난민들을 이동시키고 계신다. 그들이 서방세계에서 어떤 삶을 살게 될지 아무도 장담할 수 없지만 이들에게 구원의 기회를 주실 수 있다는 생각도 해본다.

그들이 자신의 땅에서 복음을 들을 수 있는 기회는 극히 한정되어 있다. 들어가기 어려운 강경 이슬람 땅의 현실에 가슴을 치고 있는 상황 속에서, 만일 그 땅의 사람들이 나오게 된다면 이건 하나님이 주신 복음에 대한 또 다른 기회다.

그들은 살기 위해 떠났지만 복음의 새로운 생명을 시작할 수도 있다. 중요한 것은 서방세계의 교회가 과연 이들에게 생명의 복음을 전해줄 그릇으로 준비가 되었는가 하는 것이다. 무엇인가를 담을 그릇이 준비되어 있지 않지만, 그 그릇에 얼마라도 담기 위해서 하나님의 손길이 뭔가 바쁘게 움직이시는 것 같은 느낌도 든다. 앞으로는 한 해에 백 만이 넘는 사람들의 이동도 과히 놀랄 만한 일이 아닐 것이다. 불안한 중동과 아프리카의 현실을 볼 때 자기 나라를 떠나는 난민들은 더 늘어나게 될 것이기 때문이다.

하나님의 손길과 그분의 구원 계획은 아무도 알 수 없다. 다만 지금 깨어서 현 시대와 다가올 시대를 주 앞에서 깨닫고 분별하고 준비하는 것이 우리의 할 일이다. 이해할 수 없고 대책 없이 벌어지는 세계 곳곳의 현실을 언제까지 남의 일인 양 생각할 수 없기 때문이다.

복음의 시작점이라고 할 수 있는 서방세계이지만 지금 그들은 복음을 잃어버리고 온갖 현실주의에 눈이 어두워져 있다. 그들을 향한 하나님의 계획이 무엇일까? 난민으로 들어오는 무슬림들을 위해 아무것도 준비되어 있지 않은 것 같다. 그들에게 땅을 주고 먹을 것을 줄 수는 있겠지만 진정한 새 생명을 주는 복음을 전할 수 있을지 의문이 생긴다.

그럼에도 불구하고 하나님의 구원 계획은 변함이 없다. 완전하고 분명하다. 난민들을 통해서 우리에게 주시는 메시지가 있을 거란 생각을 한다. 우리가 들어갈 수 없는 그 땅의 사람들을 복음을 들을 수 있는 자리로 나오게 하시는데, 우리는 그들에게 전해질 복음을 얼마나 준비하고 있는지 그것을 우리에게 묻고 계신 것이 아닐까 생각해본다.

해야 할 일은 많은데, 그 길이 너무 멀게 느껴진다. 어떻게 하나님의 역사에 참여할 수 있을까? 우리에게 보이시는 하나님의 구원 계획, 이 놀라운 하나님의 역사의 자리에 나도 있고 우리도 있다. 그럼에도 여전히 남의 일처럼 여겨지는 현실을 바라보는 나의 마음이 무거워지기 시작한다.

눈에 보이지만 손에 잡히지 않는 그 무엇이 마음을 불편하게 한다. 집을 떠나 방황하는 사람들, 주님만이 그들의 집이 되어주실 수 있을 텐데. 지금도 무고한 사람들이 난민이 되어 차디찬 바다 한가운데를 항해하고 있다. 그들 중에는 갓난아기도, 팔순의 노인도 있을 것이다. 그 생명을 주께서 불쌍히 여시기시를 기도한다. 그리고 그들을 향한 놀라운 하나님의 섭리에 열방의 교회가 깨어 동참하기를 소원한다.

chapter 13

하나님은 기억하신다

여호와의 말씀이 내게 임하니라 이르시되 가서 예루살렘의 귀에 외칠지니라 여호와께서 이와 같이 말씀하시기를 내가 너를 위하여 네 청년 때의 인애와 네 신혼 때의 사랑을 기억하노니 곧 씨 뿌리지 못하는 땅, 그 광야에서 나를 따랐음이니라

예레미야서 2장 1,2절

이스라엘은 오래전에 그분께 헌신하고 그분을 사랑했던 기억을 잊고 하나님을 떠나간다. 세상과 문화와 세대가 변하면서 하나님의 음성은 더 이상 귀에 들리지 않는다. 하나님 없이도 잘살 수 있다고 여긴다.

이 세대는 하나님을 잊고 사는 사람들이 대부분이다. 하나님보다 세상이 더 크게 느껴지면 사람들은 세상을 바라보기 시작한다. 세상의 소식과 그들의 메시지가 더 잘 들어온다. 세상이 말하는 가치관에 마음을 빼앗기고 진리 아닌 소문에 귀를 연다. 주의 말씀이 들어와 자리를 잡을 공간이 없어진다.

우리의 믿음의 세대들은 지금 어디서 무엇을 하고 있을까? 오래전 함께 모여 울고, 예배하고 흩어지면 전도하고, 함께 있는 것이 즐겁고 서로에게 힘이 되었던 그때의 믿음의 사람들이 지금은 한 가정의 가장이 되고 사회의 일꾼이 되어 밤낮 없이 바쁘게 지내고 있다. 하나님은 예레미야에게 그가 모르는 과거의 이야기를 들려주신다. 짧지만 하나님의 모든 마음이 담겨 있는 따뜻했던 시절의 이야기다.

여호와의 말씀이 내게 임하니라 이르시되 가서 예루살렘의 귀에 외칠지니라 여호와께서 이와 같이 말씀하시기를 내가 너를 위하여 네 청년 때의 인애와 네 신혼 때의 사랑을 기억하노니 곧 씨 뿌리지 못하는 땅, 그

광야에서 나를 따랐음이니라 렘 2:1,2

여기서 '인애'는 영어로 'devotion'이다. 직역하면 '헌신'이라는 말이다. 지금의 기성세대도 청년의 때가 있었다. 수많은 우리의 옛 청년들이 이제는 그저 사회의 구성원으로 전쟁터 같은 삶의 현장에서 아침도 저녁도 잊고 열심히 살아간다.

치열한 경쟁 사회에서 살아남기 위해, 남들만큼은 살아보려고 아등바등하는 이 땅의 기성세대는 피곤하다. 젊은 세대는 치고 올라오고, 경쟁력을 더 갖추기 위해 이리저리 뛰어보지만 여전히 혼자 제자리에 정체되어 있는 것 같다. 경제가 어려워지면서 정리해고에 대한 두려움이 늘 있고, 조기퇴직을 한 사람들에게는 설 자리가 거의 없다. 아이들과의 관계도 점점 멀어진다. 대화도 없고 교제도 없다. 도대체 무슨 생각을 하는지 알 수 없는 자녀들. 그들에게 들어가는 재정적 부담은 더욱 커지는데 어른의 어깨는 점점 약해지고 무거워진다.

교회의 직분을 받았고 주일 예배를 빼먹은 적도 없다. 봉사도 하고 가끔 전도도 한다. 그러나 마치 다람쥐 쳇바퀴 돌듯 보내는 시간이 더 이상 나를 힘 있게 하지 못한다. 예배를 드리는 시간이 길게만 느껴지고 언제 끝날지 시계만 본다. 교인들의 모임에도 자꾸 가지 못할 핑계가 늘어간다. 누군가가 전화를 해야만 꾸역꾸역 체면상 참석을 한다.

목사님의 설교에 은혜를 받아본 지가 오래되었다. 눈물을 흘리며 기도를 해본 적은 기억도 나지 않는다. 그런데 판단할 거리는 많아졌다. 사람들과 만나면 '오늘은 누구를 도마 위에 올릴까?' 생각한다. 재미있고 흥미롭다.

'한 번쯤은 괜찮겠지' 하는 생각에 친구들과 함께한 맥주 한 잔이 두 잔이 되고, 두 잔이 세 잔이 된다. 그렇게 하루를 보내고 집에 오면 피곤하다. 어느새 은혜가 없는 삶을 살고 있다. 하나님을 잊은 지 오래다.

열정을 잃어버린 세대

아직 어둠이 짙은 새벽에 누군가가 나를 깨운다.

"간사님, 간사님!"

"아, 왜?"

짜증나는 말투로 깨우지 말라는 표현을 다했다.

"간사님, 아침 묵상 모임 가야 하는데요."

학생 리더가 말한다. 나는 일주일에 3일을 학생들과 자취방에서 생활하면서 양육을 했다.

"아침에는 좀 자자. 묵상은 점심 때 시간 나면 하자."

학생만도 못한 간사의 영성이다.

"간사님, 안 됩니다. 같이 가셔야 해요. 다른 학생들이 아침에 같이 묵상하려고 기다리고 있습니다."

"난 못 간다. 네가 가서 묵상을 인도해라."

내 마지막 말을 듣고 결국 학생 리더는 자취방을 홀로 나갔다.

"간사님, 내일 캠퍼스 예배가 있는 날인 건 아시죠?"

'아, 또 그날이 왔구나.'

설교는 들어만 봤는데 설교를 하라고 하니 내게 큰 스트레스다. 설교를 할 때마다 내가 하는 말을 나도 이해하지 못하겠는데, 학생들은 도대체 무슨 마음으로 내 설교를 듣고 있는지 답답할 따름이다.

"캠퍼스 예배 말고 다른 행사 뭐 없냐?"

"내일은 양육이 있고, 그 다음 날은 캠퍼스 전도하러 다녀야 합니다."

도대체 누가 간사고 누가 학생인지 분간을 할 수가 없다. 난 완전히 신출내기 간사로, 캠퍼스에서 훈련받은 학생보다도 못한 상태였다. 얼마나 일이 많은지, 월요일부터 토요일까지 하루도 빠지지 않고 일정이 있었다. 리더 모임, 양육 모임, 매일 아침 묵상 모임, 전도 모임, 캠퍼스 예배, 중보기도 모임, 전체 캠퍼스 모임, 간사 모임….

일주일이 열흘이 되도 시간이 모자랄 판이었다.

학생들은 이 모든 모임에 학업까지 감당해야 하고, 여름과 겨울에는 단기 전도 여행을 준비해야 한다. 혀를 내두를 만큼 바쁘고 정신없다. 이렇게 많은 일을 소화하는 학생들의 눈에 내게 없는 한 가지가 있었다. '열정'과 '헌신'이다.

누가 시킨 것도 아니고 강제로 밀어붙인 것도 아니다. 그 젊은이들에게는 패기와 순수한 헌신 그리고 하나님을 향한 진지한 발걸음이 있었다. 그 학생들이 간사인 나를 양육하고 도전하고 열정을 심어줬다. 그로부터 20여 년이 지난 지금, 나에겐 그들에게 받은 열정과 헌신이 남았는데, 그 젊은 날의 학생들에게는 지금 무엇이 남았을까?

어느 날, 우연히 만난 그때 그 학생의 아내가 나를 알아보고 물었다.

"혹시 간사님 아니세요?"

"맞는데요, 누구신지?"

순간, 자매의 눈에 눈물이 고였다.

"저 옛날 캠퍼스 학생이었던 ○○형제의 아내예요."

그제야 생각이 났다. 반갑고 기뻤다. 오랜만에 만난 옛날 내 학생이자 내 스승들.

"그래, 그동안 어떻게 지냈어요?"

나는 급하게 안부를 물었다. 눈가에 맺혀 있던 눈물이 한 방울씩 자매의 얼굴을 적신다.

"선교사님, 남편은 교회를 떠난 지 오래됐어요. 그리고 저도 남편과 떨어져 살고 있어요."

자매가 떨리는 입술로 간신히 하는 말을 듣고 내 귀를 의심했지만 자매의 슬픈 눈물을 보면서 다시 묻지 못했다.

'도대체 지난 20년 동안 무슨 일이 있었을까? 그의 인생이 어쩌다

망가졌을까? 누가 그렇게 만들었을까?'

짧은 시간에 수많은 생각이 스쳐 지나가고 내 눈에서는 그저 눈물만 흐를 뿐이었다. 깊은 한숨과 함께 잊었던 20여 년 전의 기억들이 떠올랐다. 좁고 허름한 자취방에서 형제들 넷이 밥과 신 김치 하나로 감사의 기도를 드리던 때, 등록금이 없는 지체를 위해 바자회도 열고 식비를 줄여 서로 돕던 때의 기억들이다.

동아리 방에서는 예배와 찬양이 끊이지 않았고, 틈만 나면 전도지를 가지고 캠퍼스 여기저기를 돌았다. 예수님 한 분이면 만족했던 그때, 그 학생들이 내 옆에 있었다. 그러나 지금은 내 옆에 없다. 아니, 주님 곁에서 멀어져 가고 있다. 너무 멀리 가버렸다.

나는 지금도 그때로 돌아가고 싶다. 내게는 아주 행복하고 즐거운 시간이었다. 배가 고파도 즐거웠고 추워도 행복했다. 주님을 알아가는 것이, 그분을 만나고 있다는 것이…. 그것도 내 사랑하는 형제들과 함께. 메마른 땅에서의 내 젊은 날의 헌신과 사랑을 하나님은 기억하고 계셨다. 우리는 사느라, 일하느라 정신이 팔려 시간을 보내고 있어도 그때를, 주님과 사랑을 나누었던 그 시절을 추억하신다.

세상에 삼킴 당한 믿음

어느 날 한국에서 집회를 할 때 한 청년이 찾아와 상담을 요청했다. 청년은 천천히 자기의 이야기를 한다. 오래전부터 교회에 다녔고, 청소년 때부터 성경을 이해하는 능력이나 경건한 모습이 그 또래 친구 중에 남달랐고, 교회 봉사에 대해서는 늘 솔선수범하는 모범을 보였다. 이런 청년의 경건한 태도에 교회의 목사님이나 주위 분들은 신학을 추천했고, 청년 자신도 신학을 해서 주의 길을 가겠다는 생각을 굳혔다. 청년은 우수한 성적으로 신학교에 들어갔고, 이제 4학년 졸업반이 되었다.

그런데 정작 그는 비전을 찾지 못하고 있었다. 곧 졸업을 앞두고 있는데, 신대원을 가야 할지, 사역을 나가야 할지, 사역을 한다면 어떤 사역을 해야 할지, 미래에 대한 어떤 믿음도 확신도 없었다.

더 큰 문제는 복음에 대한 열정이 식어가고 있다는 것이었다. 급기야 청년은 구원에 대한 확신까지도 흔들리고 있는 자기가 너무 한심스러워 어찌할 바를 모르고 갑갑한 시간을 보내고 있었다. 도대체 지난 몇 년간 이 형제에게 무슨 일이 벌어진 것일까?

청년은 말을 이어간다. 청년이 열정과 믿음을 가지고 신학교를 갈 때까지만 해도 그에게는 건강한 비전과 믿음이 있었다. 그러나 신학교에서 만난 또래 학생과 학업을 하면서 많은 것들을 경험하게 되었다. 그러다 인터넷 게임에 많은 시간을 보내게 되었는데, 지금은 인터넷 앞에 앉아 있는 시간이 다른 시간보다 훨씬 많다는 것을 알면서도 그 자리를 떠날 수 없게 되었다. 언제부터인가 자신의 대화에 비속어들이 등장하고 교회와 세상을 비판하는 태도가 익숙해졌다.

경건의 모습은 전혀 찾아볼 수 없는 삶의 태도는 일반 대학의 학생들과 별 다를 게 없는 자신에 대해 타협하며 살아가기에 충분했다. 세상을 향한 비관적 사고방식과 믿지 않은 사람들과 전혀 다를 것이 없는 생활 태도들, 술과 담배는 일상이고 기본적인 도덕 생활도 찾아보기 힘든 사람들 속에서 청년은 언제부터인가 점점 세상의 노예가 되어가고 있었다.

그렇게 4년의 시간이 흐르는 동안 몇 번이나 학교를 그만두고 싶은 충동이 생겼지만, 그때마다 다시 세상에 나갈 자신이 없어서 지금까지 버티고 있었다. 하지만 이제 그 끝이 보이기 시작했다. 이전의 성실하고 충성스런 믿음생활은 어디 갔는지, 신학생이지만 교회를 나가는 것도 빠지기 시작하면서 이중생활을 시작했다.

이렇게 만신창이가 된 청년을 만났을 때, 이미 그는 너무 깊은 수렁 속에 빠져 있는 느낌이었다. 형제는 이런 자신의 모습에서 헤어나오고 싶었지만 자신의 힘으로는 감당할 수 없었고, 주위의 그 누구도 형제의 문제에 관심이 없었다. 그리고 누구에게 찾아가서 자신의 고민을 말할 수도 없었다.

교회의 많은 사람들에게서 장래에 훌륭한 목회자가 될 재목이라는 기대를 한 몸에 받았고, 또래 청년들 사이에서도 주목 받던 청년은 이제 너무 힘없고 나약한 청년이 되어버렸다. 사역을 하지도 못하고 세상에 나가지도 못한 채 현실 앞에 무기력하게 머물러 있는 이 청년을 보며, 나는 어지러움을 느꼈다.

진심으로 돌아가길 원하는가

이 청년은 지금 어디로 가야 할지, 무엇을 해야 할지 잃어버렸다. 만약 그가 이런 상태에서 양 떼를 맡아 사역을 시작한다면 그의 양 떼는 아무것도 먹을 수 없을 것이다. 소경이 소경을 인도하는 것이 된다.

미래의 선지자, 그들이 곪아가고 있다. 이 세상이 그들을 잡아 삼키고 있음에 가슴을 친다.

"오래전 그 순수한 믿음의 자리로 돌아가고 싶은 열정이 아직 남아 있나요?"

나는 형제에게 질문했다. 형제는 한참을 생각하더니 고개를 끄덕였다. 형제의 손을 잡고 함께 기도했다. 우리는 같이 안고 오랜 시간 눈물을 흘렸다. 형제에게 다시 새로운 비전과 주의 기름부음이 있게 될 것을 믿는다. 살아 계신 주님의 마음이 형제의 삶에 드러나게 될 것이다.

이 시대를 살고 있는 우리 미래의 선지자들, 그들이 영혼에 대한 눈물을 회복한다면 우리의 미래는 달라질 것이다.

아침에 해가 뜨면 네 발소리를 내가 듣는다.
나의 사랑하는 자가 내게 문안 인사를 하러 오는구나.
잠에서 깰 때쯤 멀리서 네 발소리만 들려도 나는 심장이 뛴다.
오늘도 어김없이 사랑을 가지고 오는
너의 마음이 나를 흔들어 놓는구나.

사실 나는 어제도 잠을 설쳤다.
아침이 오기를 너무 기다렸기 때문이다.

내가 해를 창조할 때 이 빛은 너를 위한 것이었다.
네 발걸음에 어둠은 어울리지 않기 때문이다.
달을 창조할 때 그 달도 너를 위한 것이었다.
어둔 밤에도 내가 네 곁에 있다는 증거이기 때문이다.

하늘에선 푸르름이 네 마음을 깨끗하게 하고
땅에선 신선함이 네 육체를 만족하게 한다.
꽃과 나무는 내 향기이고
바다와 우주는 내 사랑의 크기이다.

나는 그때를 기억한다.
그 아침을 기억한다.
밤잠을 설치며 너를 기다리던 그 아침,
네 사랑 때문에 아침이 그리운 그때를 나는 기억한다.
나는 영원히 그날을 기억할 것이다.
잊지 않을 것이고, 그날을 생각하며 잠을 청할 것이다.
그리고 그날이 다시 오기를 영원히 기다린다.

나의 사랑, 내 어여쁜 자야,

일어나서 함께 가자.

겨울도 지나고 비도 그쳤고

지면에는 꽃이 피고 새가 노래할 때가 이르렀는데

비둘기의 소리가 우리 땅에 들리는구나.

무화과나무에는 푸른 열매가 익었고

포도나무는 꽃을 피워 향기를 토하는구나.

나의 사랑, 나의 어여쁜 자야,

일어나서 함께 가자.

이제 알았습니다

세 번째 원고를 쓰면서 이 글을 읽게 되는 사람들을 생각한다. 많은 분들이 강의와 설교를 요청해오지만 나는 말로 사역하는 사람이 아니다. 그리고 먼 곳에 있는 나는 그곳에 다 갈 수도 없고, 모두를 만날 수도 없다. 그래서 글로 대신 소통하려 한다.

내가 정말 가고 싶은 곳은 따로 있다. 닫힌 나라, 복음이 절실히 필요한 나라다. 문 밖에서 수없이 문을 두드리지만, 굳게 닫힌 문은 언제나 활짝 열리려는지. 그날을 기다리며 마음을 지키고 그 자리를 떠나지 않으려고 오늘도 몸부림친다. 더 많은 민족을 향해 달려가고 싶다. 아브라함의 또 다른 자녀인 이스마엘의 후손들, 상처와 거절의 아픔으로 자신의 민족을 이루고 힘을 키워온 사람들이다. 그 결과, 지금 온 세계는 싸움과 상처로 얼룩져 있다. 형제가 형제에게 칼과 창을 향하고, 적이 되어 서로에게 아픔을 주고 있다.

아직도 열방엔 여전히 사랑에 굶주린 사람들이 많지만, 그들은 문을 닫고 집 안에서 나오려 하지 않는다. 우리가 사랑으로 가지 않으면 그들이 우리에게 오게 될 것이다. 그러나 그들은 사랑으로 오지 않는다. 우상과 재물과 무력으로 우리를 넘나들게 될 것이다.

정신을 차리고 깨어 있지 않으면 소리 없이 우리의 자리에 파고드는 그들을 보게 될 것이다. 아무 일 없다고 내 배만 채우며 내 인생만 생각하고 사는 우리의 삶이 서서히 무너지는 것을 보게 될 것이다.

> 그들이 평안하다, 안전하다 할 그때에 임신한 여자에게 해산의 고통이 이름과 같이 멸망이 갑자기 그들에게 이르리니 결코 피하지 못하리라 형제들아 너희는 어둠에 있지 아니하매 그날이 도둑같이 너희에게 임하지 못하리니 너희는 다 빛의 아들이요 낮의 아들이라 우리가 밤이나 어둠에 속하지 아니하나니 그러므로 우리는 다른 이들과 같이 자지 말고 오직 깨어 정신을 차릴지라 살전 5:3-6

주님은 자고 있는 사람들이 깨어나도록 다시 오실 것을 미리 말씀하신다. 그러나 주님이 오시기 전에 우리의 영혼을 깨뜨리는 다른 무리가 먼저 우리의 삶 가운데 오게 될 것이다. 영적인 기근 속에 살면서도 지금이 기근인지조차 모르고 있다면, 가만히 앉아서 우리의 영혼이 마른 나무가 되어가는 것을 지켜보게 될 것이다.

"다른 이들과 같이 자지 말고 오직 깨어 정신을 차릴지라."

정신을 차린 사람들이 이 땅에서 주를 향해 소리치기를, 나는 소망한다. 이 민족이 다시 간절한 마음으로 주를 향해 무릎을 꿇고 주의 기름부음의 제사장 나라로 서기를 간절히 바란다. 마음을 찢고 가슴을 치는 눈물의 선지자들이 방방곡곡에서 나오기를, 나는 소망한다. 빛의 아들, 낮의 아들, 그 아들들이 주의 마음을 시원하게 해드리기를 기도한다. 그들은 눈물의 선지자, 영적인 기근에 놓인 이 땅에 샘물 같은 주의 통로가 될 사람들이다.

때로는 당신의 손이 부끄러울 때가 있습니다.
당신의 손에 있는 커다란 상처는 언제나 눈에 거슬립니다.
악수를 할 때도 당신의 손을 보면 주저하게 되고
그 껄끄러운 느낌이 불쾌감을 줍니다.
밥을 먹을 때 눈에 들어오는 당신의 손은

바라보기가 불편합니다.
그러나 당신의 손은 언제나 우리를 향해 있습니다.
그 손으로 무엇을 하셨기에….

당신의 얼굴은 주름으로 가득합니다.
얼굴 구석구석 검게 그을린 모습은
좀처럼 회복되지 않을 것 같습니다.
입술은 마르고 때로 당신의 눈은 퉁퉁 부어 있습니다.
마른 듯한 볼은 여전히 안쓰러워 보입니다.

당신의 어깨는 넓고 편안하게 보입니다.
그런데 그 어깨가 무거워 보일 때가 있습니다.
무엇을 지셨는지….
우리는 감당할 수 없을 것 같은 무게감이
그 어깨 위에 느껴집니다.
그래도 당신은 그 무게를 감당할 수 있나 봅니다.

당신의 신발은 항상 벗을 준비를 하고 있는 것 같습니다.
너덜해진 신발은 얼마나 오랫동안
얼마나 많은 곳을 다니셨는지 알 수 있게 합니다.
홀로 산에 머무실 그때만
당신의 신발은 발에서 벗겨져 당신 옆에 놓여졌고,
그 옆으로 떨어지는 땀방울이 핏방울이 되고
핏방울이 땀방울이 되도록
그 밤이 지나면 당신이 넘게 될 고개를 준비하셨지요.

불러도 불러도
아버지의 소리는 그 밤에 들리지 않았습니다.
천사도 제자도 가족도
그 밤에 당신과 함께 있지 않았습니다.
소리는 밤에서 밤으로, 산에서 산으로, 하늘에서 하늘로
그렇게 처절하게 흘러갔지만
그날 밤,
아무도 그 소리를 듣지 않았습니다.

당신 앞에 놓인 잔.

오늘 밤이 지나면 그렇게 못 생긴 당신의 손도
거칠어진 당신의 얼굴과 퉁퉁 부은 당신의 발도
더 이상 못 보게 됩니다.

이제 알았습니다.
그 손이 나를 위한 손이었음을.
나를 위해 땅을 파시고, 그 위에 '나'라는 씨앗을 심으시고,
때를 따라 물과 거름을 주시고, 햇빛을 가리고,
태풍을 막으시고, 때론 나를 위해 싸우시며
당신의 손은 쉬지 않았습니다.
아파서 눈물을 흘릴 때는
그 손으로 직접 눈물을 닦아주셨습니다.
이 모든 것을 당신의 손으로 하셨습니다.

이렇게 헤어질 줄 알았다면

당신의 손을 부끄러워하지 않았을 겁니다.
밥을 먹을 때도 당신의 손만 지켜봤을 것이고,
당신이 손을 내밀 때 불편해하지 않았을 겁니다.
그 손을 잡고 놓지 않았을 겁니다.
그 손을 내가 어루만져야 했습니다.

당신의 그을린 얼굴도, 주름진 이마도
모두 나로 인한 것임을 몰랐습니다.
눈가의 미소와 따뜻한 말 한 마디가 그리울 겁니다.

모든 사람이 나를 떠나고
수많은 실패와 반복되는 죄가 나를 괴롭히고 정죄할 때
죽음을 생각하고, 그래서 더 이상 일어날 힘도 없을 때
당신은 그 주름진 얼굴로 제게 오셨습니다.
언제나 동일한 미소, 그리고 한 마디.
"괜찮아."

그때는 그 말의 의미도, 당신의 따뜻함도
느끼지 못했습니다.

이제 알았습니다.
그때 나를 살린 것이 당신이었음을.

당신이 그립습니다.
당신의 껄끄러운 손, 주름 잡힌 얼굴, 울퉁불퉁한 발,
그리고 당신의 깊은 상처가 있는 몸.
그리워서 이 밤에도 당신을 불러 봅니다.
눈물이 나를 이기며 흘러내리지만
이 눈물보다 더 많은 피를 흘리신 당신 앞에
내 눈물은 한 방울의 빗방울 정도일 뿐입니다.

그때는 당신께 감사하다는 말도 못했습니다.
그 흔한 고맙다는 말도 못했습니다.
그때 나는 내게 아무도 없는 줄 알았습니다.

아무도 나를 돌봐주지 않는 줄 알았습니다.
누구도 나의 소리를 듣지 않는다고 생각했습니다.
내 손을 잡아줄 사람도, 내 눈물을 이해해주는 사람도,
내 배고픔을 채워줄 사람도 없는 줄 알았습니다.
내 방, 외로움과 고독의 방 안에는 어둠만 있는 줄 알았습니다.

이제 알았습니다.
당신 없이는 아무 의미 없는 시간을 보내고 있음을,
당신 없이는 내가 숨도 쉴 수 없는 존재인 것을,
당신 없이는 단 하루도 살 수 없는 사람임을.

나는 지금 벼랑 끝에 서 있습니다.
한 치 앞을 알 수 없는 이 끝.
이 앞에 또 다른 벼랑이 있어도
당신이 이 끝자락에서 나와 함께 있다는 것을,
여전히 나는 사막을 통과하고 있지만
이 사막은 나 혼자 가는 길이 아님을 알았습니다.

이 끝에서 나는 당신의 사랑을 노래합니다.

감사합니다.

그리고 고맙습니다.

나의 주님.

나를 떠나지 말라

초판 1쇄 발행 2016년 3월 21일

지은이 이시온

펴낸이 여진구
책임편집 1팀 | 이영주, 김수미
편집 2팀 | 최지설, 김나연 3팀 | 안수경, 유혜림 4팀 | 김아진, 박혜란
책임디자인 이혜영, 박소민 | 전보영, 마영애
기획·홍보 김영하
해외저작권 김나은
마케팅 김상순, 강성민, 허병용, 이기쁨
마케팅지원 최영배, 이명희
제작 조영석, 정도봉
경영지원 김혜경, 김경희

이슬비전도학교 최경식, 전우순
303비전성경암송학교 박정숙, 정나영, 정은혜
303비전장학회 & 303비전꿈나무장학회 여운학

펴낸곳 규장

주소 06770 서울시 서초구 매헌로 16길 20(양재2동) 규장선교센터
전화 02)578-0003 팩스 02)578-7332
이메일 kyujang0691@gmail.com 홈페이지 www.kyujang.com
트위터 twitter.com/_kyujang 페이스북 facebook.com/kyujangbook
등록일 1978.8.14. 제1-22

책값 뒤표지에 있습니다.
ISBN 978-89-6097-445-6 03230

규 | 장 | 수 | 칙

1. 기도로 기획하고 기도로 제작한다.
2. 오직 그리스도의 성품을 사모하는 독자가 원하고 필요로 하는 책만을 출판한다.
3. 한 활자 한 문장에 온 정성을 쏟는다.
4. 성실과 정확을 생명으로 삼고 일한다.
5. 긍정적이며 적극적인 신앙과 신행일치에의 안내자의 사명을 다한다.
6. 충고와 조언을 항상 감사로 경청한다.
7. 지상목표는 문서선교에 있다.

하나님을 사랑하는 자 곧 그의 뜻대로 부르심을 입은 자들에게는 모든 것이 合力하여 善을 이루느니라(롬 8:28)

규장은 문서를 통해 복음전파와 신앙교육에 주력하는 국제적 출판사들의 협의체인 복음주의출판협회(E.C.P.A:Evangelical Christian Publishers Association)의 출판정신에 동참하는 회원(Associate Member)입니다.